小学校 国語 教材研究 100本ノック

関西国語授業研究会 編著

明治図書

はじめに

問　「この文章を読んでいるということは，あなたは国語の授業に何らかの
　　問題意識をおもちなのでしょう。では，なぜあなたは『国語の授業』
　　を学ぶのですか？　次のＡ～Ｃから最も適切なものを１つ選び，記号
　　で答えてください。」

Ａ　そこに魅力的な教材があるから。その作品の新しい読みを見つけた瞬間，
　　ドキドキが止まらなくなる。
Ｂ　子どもと共に高みに向かえるから。こちらの想定外の読みが子どもから
　　生まれた瞬間，えも言われぬ感動を覚える。
Ｃ　ここに自分がいるから。自らの実感を基に新たな指導法を編み出した時，
　　ニヤリと密かな喜びを覚える。

　このように，「よい国語の授業をしたい」という願いが同じでも，立ち位
置も求める方向も人それぞれで違います。かといって，そのまま違う方向に
進むと共同研究の意味がないので，研究会ではテーマや手法をある程度絞っ
て行うのが一般的。しかし，その当たり前に目もくれず，異なる教材観と授
業観をぶつけ合うことに面白さを見出しているのが我ら関国研なのです。
　関西国語授業研究会（以下「関国研」）は関西圏に勤務する30余名のメン
バーが，国語の新たな実践的研究をしようと2017年に立ち上げた団体です。
「教材の前では誰もが平等」「ビジョンは共有するが，手法は多様に」「とに
かく子どもに言葉の力をつける」をモットーに，２か月に一度の定例会，年
に一度の全国大会を開き，歯に衣着せぬ白熱した議論を続けています。
　その熱い意見のぶつかり合いを，ライブ感はそのままに何とか書面にでき
ないかと試行錯誤してできあがったのが本書です。見どころ①少々偏ってい

ても気にせず，自分の主張を思う存分吐き出す「わたしの教材研究の視点」。見どころ②その視点を具体化し，読者の先生が実際に授業を行えるよう計画した「教材研究から立てた単元構想」。見どころ③それら実践に対して３人がツッコミを入れ，提案者が反論する「研究授業協議会」。いずれも尖った企画です。

　読んでいただけばわかりますが，とにかく執筆者の個性が駄々洩れです。ツッコミなのに自分のお勧めの指導法しか書かない人，丁寧な口調なのに厳しい意見を書いている人。その中からぜひお気に入りの執筆者を見つけて，ツッコミと応答を追ってみてください。例をあげてみましょう。先の問でAを選んだあなたは「研究者」型です。言葉の力を信じるあなたは，「ヒグチ」さんの授業観にピッタリ。Bを選んだあなたは「教育者」型かも。子どもの心を大切にするあなたには，「カワイ」さんのコメントが刺さるはず。Cを選んだあなたはズバリ「実践者」型。授業にマニアックな面白さを求めるあなたは，「シシド」さんの感性に近いかも。ぜひお試しを。

　『100本ノック』というタイトルは明治図書の佐藤智恵さんが提案してくださいました。次々と飛んでくる白球をさばき続ける名野手のごとく，様々な教材を時に華麗に，時に泥臭く，キャッチして即投げ返して日々実践を繰り返している我々にピッタリの題名です。

　この本が売れて，うまく重版が続けば続編を出すことになるかもしれません。続編が５冊を超えたら，書名の通り100本の実践が積み重なることになるのです。何年後になるのかわかりませんが，その日が今から楽しみです。たとえそうならずとも，我々は大阪のどこかの会議室で，マニアックな国語授業の斬り合いを続けるだけなのですが。

著者を代表して　宍戸　寛昌

本書の構成

1

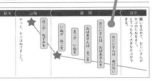
場面や段落の構成をプロット図で示しました

教材の系統性を，学年の横軸と時期の縦軸で示しています

2

授業者独自の視点から教材の価値を掘り下げています

3

1時間を抜き出し，具体的な指導過程を示しています

教材研究から立てた単元構想

● 単元計画（全6時間）

次	時	目標	学習活動
一	1 2	○物語と出合い、単元の学習の見通しをもつことができる。○音読して、物語の大体をつかむことができる。	・教師の読み聞かせを聞く。・大まかな物語の内容をつかむために音読をする。・好きな場面を決めて、「場面の様子が伝わるように音読したい」という学習課題をもつ。・挿絵を見ながら大まかに場所や登場人物などを確かめる。
二	3	○大きくておまいいかぶができた時のおじいさんの様子や行動を想像することができる。	・おじいさんの願いを確かめ、種を蒔いてから大きいかぶができるまでにおじいさんがしたことを考える。・とてつもなく大きくできたかぶを見上げるおじいさんの気持ちを想像し合う。
	4	○繰り返しの表現や誰を呼んだかに着目して、かぶを抜こうとしても抜けない様子を想像することができる。	・ねずみが加わるまでの挿絵を順に貼りながら「うんとこしょ、どっこいしょ」と繰り返される言葉を確かめる。・大が猫を呼んでも抜けないかぶのなみを呼んでくる時の演望を想像する。・やっと抜けた時の気持ちを想像する。
	5	○ここまでの学習を生かして、グループで音読を練習することができる。	・5～6人いるグループで、好きなところを出し合って音読するところについて話し合い、練習する。
三	6	○「おおきなかぶ」の好きなところを様子が伝わるように音読し、発表することができる。	・音読発表会をする。・単元の学習を振り返る。

● 第二次4時の授業展開例

本時のめあては「かぶをぬこうとしてもぬけないようすをくふうしてよもう」。めあては前時に立てた音読劇を言語活動として取り入れて、□□□のところの音読の仕方を人物が加わるごとに考えていきます。

T おばあさんが加わったけれど、かぶは抜けそうですか。
C 抜けそうにありません。
C 大人のおばあさんが加わっても「それでも、かぶはぬけません。」だから抜けそうにありません。
T どんなふうに音読しようか。
C 「それでも、」を「おばあさんが加わっても」という気持ちを込めて強く音読します。

また、人物が加わる前にどんな会話があったかも想像してみます。「ないから想像してみたくなる」です。例えば、ねずみは、猫になんと言って呼ばれたのでしょうか。

T ねずみは、猫になんと言って呼ばれたと思いますか？
C いつも君を追い回しているけれど、どうしても君の力が必要だから力を貸してくれないか。
C 甘くておいしいかぶを抜くのに力を貸してくれないか。抜けたらご馳走してもらえると思うんだ。

そして、「やっと。」についてそれぞれの気持ちを想像し、考えを出し合い自分なりに音読して本時は終わります。

見出した教材の価値を基に作成した単元計画です

提案した授業の協議会です。褒めるだけではないツッコミと，さらなる反論が書かれています

4

研究授業協議会

ツッコミ1 構造・リズム・ズレの面白さを音読劇で表現したい！
かぶを抜くために普段協力しなさそうな者まで協力して抜こうとするところは本当に面白いですね。その大きさと甘さが魅力だったのでしょうか。相当いい匂いがしていたのかな。構造や表現を味わって大いに想像を膨らませて読んだならば、それを生かす音読をさせたいものです。音読劇をするとしたら、どのように指導されますか。（ヒグチ）

反論1 音読発表の中に動作化を！
1年生に構造・リズム・ズレの面白さを味わわせたいという思いは同じです。しかし、かつりは言語活動を言語活動として取り入れることはできません。1年生のこの段階で構造・リズム・ズレの面白さを味わわせるためには、挿絵や叙述を手がかりとして協力している様子や気持ちを想像しつつ、動作化を通して作品の面白さを味わわせたいと思います。

ツッコミ2 直接描かれていない登場人物の気持ちを想像するためには？
「おじいさんは、いぬをよんできました」ではなく、「まごは、いぬをよんできました。」というところに、おじいさんのことを思いやる気持ちが込められていますよね。よって、「かぶがぬけません」の音読もおじいさんの立場で読むのがよいと考えます。東京書籍教科書と同じ作品の絵本（福音館書店）には、かぶがぬけなくてじけているおじいさんの絵もありますよ。（ホシノ）

反論2 おじいさんだけに視点をあてて読むと面白さが半減します
1年生の経験においても、犬が猫を呼んできたり、猫とねずみが協力関係にあたりするというの想像は味わうべき面白さです。このズレにこそ音目すべきであます。そこには、1年生だからこそできる多様な想像が生まれるはずです。協力関係を考えるとぶどうやりとりを考えると、考えを交流することが作品を味わう力を育てます。

ツッコミ3 干支を取り入れつつ、言語活動も「協働的」にしてみては？
猫とねずみに声かけを考えさせるのは面白いです。干支でも同じような関係があるので、その話も踏まえるとより深みが出うります。また、最後の言語活動も1人ではなく複数で取り組む活動にすると、物語の本文と同じで「みんなで協力して1つのことを成し遂げる」といったことを実体験できるのではと思います。（カサハラ）

反論3 「みんなで協力して1つのことを成し遂げる」実体験？
場面の様子や登場人物の気持ちを楽しみながら想像する力を国語科で育みたいと思っています。「みんなで協力して1つのことを成し遂げる」活動を楽しむ活動の1つとして取り入れることは、たいへん意味のある活動となりそうです。国語科として育みたい力がぶれないか気をつけたいところです。

改善策・今後の展望
素敵なツッコミに思考が深まりました。「音読劇をするとしたら？」という問いかけに、より言葉にこだわるために、「うんとこしょ、どっこいしょ」とかぶを抜こうとしている場面と仲間を呼びに行く場面とで、音読をする子どもと動作化を中心にする子どもの役割をはっきりと決めようと思いました。こうすることで、より場面に対する思いを交流し合えるのではないかと考えたからです。「協働的」な姿を、子どもの言葉と言葉の響き、リズムとテンポ、動作などについて自分の考えを述べ合っている姿に重ねられるよう指導したいです。

目　次

はじめに　　2
本書の構成　　4

📖 1年 ....

おおきなかぶ　10

授業者	藤井 大助
研究授業協議	樋口 綾香・星野 克行・笠原 冬星

どうぶつの赤ちゃん　18

授業者	樋口 綾香
研究授業協議	宍戸 寛昌・山埜 善昭・河合 啓志

📖 2年 ....

ふきのとう　26

授業者	中嶋 千加
研究授業協議	樋口 綾香・河合 啓志・宍戸 寛昌

名前を見てちょうだい　34

授業者	古沢 由紀
研究授業協議	河合 啓志・星野 克行・佐藤 司

たんぽぽのちえ①　42

授業者	笠原 冬星
研究授業協議	樋口 綾香・山埜 善昭・宍戸 寛昌

たんぽぽのちえ②　50

授業者	西尾 勇佑
研究授業協議	宍戸 寛昌・河合 啓志・山埜 善昭

たんぽぽのちえ③ 58
- 授業者　宍戸 寛昌
- 研究授業協議　樋口 綾香・河合 啓志・西尾 勇佑

3年

 モチモチの木 66
- 授業者　宍戸 寛昌
- 研究授業協議　河合 啓志・樋口 綾香・星野 克行

自然のかくし絵 74
- 授業者　竹澤 健人
- 研究授業協議　宍戸 寛昌・星野 克行・佐藤 司

4年

白いぼうし 82
- 授業者　星野 克行
- 研究授業協議　樋口 綾香・宍戸 寛昌・山埜 善昭

アップとルーズで伝える 90
- 授業者　三笠 啓司
- 研究授業協議　樋口 綾香・山埜 義昭・平井 和貴

5年

 大造じいさんとガン① 98
- 授業者　岡田 憲典
- 研究授業協議　笠原 冬星・河合 啓志・山埜 善昭

大造じいさんとがん② 106
授業者	小石川 敦子
研究授業協議	樋口 綾香・宍戸 寛昌・河合 啓志

注文の多い料理店 114
授業者	笹 祐樹
研究授業協議	宍戸 寛昌・樋口 綾香・山埜 善昭

言葉の意味が分かること 122
授業者	平井 和貴
研究授業協議	樋口 綾香・宍戸 寛昌・西尾 勇佑

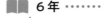
6年

帰り道 130
授業者	山埜 善昭
研究授業協議	宍戸 寛昌・河合 啓志・岡田 憲典

あの坂をのぼれば 138
授業者	佐藤 司
研究授業協議	宍戸 寛昌・山埜 善昭・星野 克行

メディアと人間社会 146
授業者	佐藤 司
研究授業協議	樋口 綾香・河合 啓志・宍戸 寛昌

参考文献　154

教材研究
100本ノック

発表者に手をあげ，精一杯主張しよう！
そして協議会でたくさん意見をもらおう！
これが授業力向上の近道。

関西国語授業研究会の研究授業，協議会の
様子を紹介します。

おおきなかぶ

東京書籍・1年上

授業者　藤井　大助
研究授業協議　樋口　綾香・星野　克行・笠原　冬星

教材の概要

- R6東京書籍・1年上「おおきなかぶ」（全6時間・7月）
- R6光村図書・1年上「おおきなかぶ」（全6時間・6月）
- R6教育出版・1年上「おおきなかぶ」（全6時間・7月）
- R6学校図書・1年上「おはなしをたのしんでよもう」（全10時間・7月）

　入門期のお話に触れる音読で楽しめる教材として「おおきなかぶ」を4つの教科書会社が使用しています。言葉を通して場面の様子を動作化することで確かめながら作品の面白さを味わう学習が多いです。

教材の系統性マップ

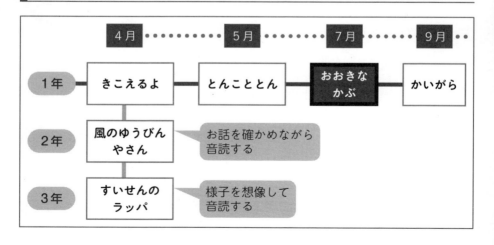

場面構成図

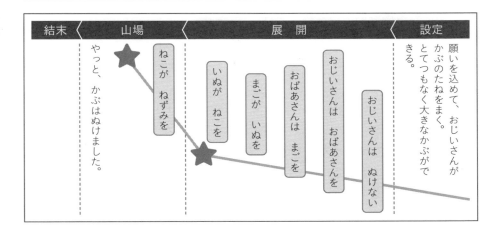

教材を支える側面情報

　「おおきなかぶ」は、ロシア民話の再話です。内田莉莎子さんをはじめ、いろいろな方が物語としてわかりやすく書き直した作品が出版されています。挿絵のタッチは違っても、おじいさんの願いや登場する人物の順番は、どの作品においてもほぼ同じです。教科書や絵本など、どの作品にも再話者の思いが感じられ、ついつい比べながら読んでしまいます。また、どの作品も読者に、内容の大体を大まかに捉えさせる工夫がされています。さらに、登場人物の行動や場面の様子が具体的に想像でき、楽しみながら作品の世界に引き込んでいく工夫もされています。例えば、東京書籍の場合、「やっと、かぶはぬけました。」と山場で終わり、結末部分（後話）がありません。子どもたちは「ないから想像してみたくなる！」と思いませんか。きっとわくわく楽しみながら、展開部分の登場人物の行動や会話から気持ちを想像し、結末部分を考えていくことと思います。逆に「あるから〇〇〇」ということだって……ありますよね。

わたしの教材研究の視点

● この教材の内容面での面白さとは

　「かぶの大きさ（重さ）はどのくらいか」（３時間目）が，この作品の肝になります。これを叙述などから「想像」できるところに，作品の面白さがあります。

T　おじいさん１人では抜けない大きさって，どのくらいの大きさだろう？

C　バスくらいの大きさじゃないかなあ。大人でも動かせないよ。

　　（自分の生活経験から考えてきたことをほめたい。）

C　「とてつもなくおおきい」って書いてあるので，かなり大きいと思います。

　　（叙述から言葉を見つけてきていることをほめたい。）

C　かぶの白い部分はおじいさんの４倍くらいありそう。

　　（挿絵と叙述を繋いで考えていることをほめたい。）

　この後，バスの場合，「とてつもなく」の場合，かぶの白い部分の場合を「子どもたちが三角座りをして，何人分か」みんなで試してみることになりました。しばらく，何人分か思いを巡らし自分の考えをもった後，

T　では，みなさんが考えた「おおきなかぶ」をおじいさんになりきって抜いてみましょう。（それぞれが想像したかぶを抜く音読を促す。）

C　うんとこしょ，どっこいしょ。うんとこしょ，どっこいしょ。

　　（子どもたちの声が教室中に響き渡る。）

T　○○さん，おじいさんになりきってやってみてくれますか。ちなみに何人分ぐらいのかぶの大きさですか？

C　バスで，60人分です。

　　「う～～～　　　んとこしょ，ど～っっ　　　　っこいしょ。」

T　○○さんの音読から，かぶの大きさが伝わってきますね。

　子どもたちがどのくらいの大きさのかぶに着目して「うんとこしょ，どっこいしょ。」の音読を考え表現しようとしているのか想像しながら聞ける（見れる）って，素敵な教材ですよね。

● この教材の表現面での面白さとは

　この教材には，「うんとこしょ，どっこいしょ。」「□□が▲▲をひっぱっ
て」「かぶはぬけません。」のリズムとテンポのよい「繰り返し」の面白さが
あります。また，登場人物が，大きいかぶを抜こうとして，「おじいさん」
「おばあさん」「まご」「いぬ」「ねこ」「ねずみ」と人数が増えていきながら
かぶを抜こうとしているところは物理的に理にかなっているけれど，登場し，
かぶを抜こうとする仲間に加わっていく人物が，だんだん小さく，関係性も
「どうなってるんだ？」と思わせる人物になっていくところに，さらにわく
わくが止まりません。合理的に考えると，おじいさんは，大きくて力の強い
若者を呼んで来ればいいのです。しかし，だんだん小さい人物，それも関係
性に「？」を感じさせるこの「ズレ」が表現面での面白さの１つとなり，わ
たしたちに場面の様子や登場人物の気持ちを想像する醍醐味を与えてくれて
いるように思います。

● この教材で育むことのできる言葉の力とは

　この教材で子どもに身につけてほしいのは「挿絵や叙述，自分の身近な経
験やものと比べて考えることに着目して，場面の様子や登場人物の気持ちを
楽しみながら想像する力」です。言語活動は，身体も動かしながらの音読で
す。１年生のこの時期は，場面の様子を挿絵から読み取る子どもが多いと思
います。文章を読みながら挿絵がどの場面の挿絵なのか考えながら読むこと
ができるようになってくると思います。できるようになったことをどんどん
声に出して評価していきたいものです。実際には存在しないような「おおき
なかぶ」を身近なものに置き換えて想像したり，「ねずみは，猫になんて言
って呼ばれたか」など，書かれていないことにあえて焦点をあてて想像して
みたりすることで，思いや考えを仲間と共有する（わかち合っていく）機会
もどんどん設定したいものです。

教材研究から立てた単元構想

● 単元計画（全6時間）

次	時	目　　標	学習活動
一	1・2	○物語と出合い，単元の学習の見通しをもつことができる。 ○音読して，物語の大体をつかむことができる。	・教師の読み聞かせを聞く。 ・大まかな物語の内容をつかむために音読をする。 ・好きな場面を決めて，「場面の様子が伝わるように音読したい」という学習課題をもつ。 ・挿絵を見ながら大まかに場所や登場人物などを確かめる。
二	3	○大きくてあまいかぶができた時のおじいさんの様子や行動を想像することができる。	・おじいさんの願いを確かめ，種を蒔いてから大きいかぶができるまでにおじいさんがしたことを考える。 ・とてつもなく大きくできたかぶを見上げるおじいさんの気持ちを想像し合う。
	4	○繰り返しの表現や誰が誰を呼んできたかに着目して，かぶを抜こうとしても抜けない様子を想像することができる。	・ねずみが加わるまでの挿絵を順に黒板に貼りながら「うんとこしょ，どっこいしょ。」と繰り返される言葉を確かめる。 ・犬が猫を呼んでくる時や猫がねずみを呼んでくる時の言葉を想像する。 ・やっと抜けた時の気持ちを想像する。
	5	○ここまでの学習を生かして，グループで音読を練習することができる。	・5〜6人くらいのグループで，好きなところを出し合って音読するところについて話し合い，練習する。
三	6	○「おおきなかぶ」の好きなところを様子が伝わるように音読し，発表することができる。	・音読発表会をする。 ・単元の学習を振り返る。

● 第二次４時の授業展開例

　本時のめあては「かぶをぬこうとしてもぬけないようすをくふうしてよもう。」です。前時に想像したかぶの大きさを思い出しながら，「□□□□，かぶはぬけません。」の□□□□のところの音読の仕方を人物が加わるごとに考えていきます。

T　おばあさんが加わったけれど，かぶは抜けそうですか。

C　抜けそうにありません。

C　大人のおばあさんが加わっても「それでも，かぶはぬけません。」だから抜けそうにありません。

T　どんなふうに音読しようか。

C　「それでも，」を「おばあさんが加わっても」という気持ちを込めて強く音読します。

　また，人物が加わる前にどんな会話があったかも想像してみます。「ないから想像してみたくなる」です。例えば，ねずみは，猫になんと言って呼ばれたのでしょうか。

T　ねずみは，猫になんと言って呼ばれたと思いますか？

C　いつもは君を追い回しているけれど，どうしても君の力が必要だから力を貸してくれないか。

C　甘くておいしいかぶを抜くのに力を貸してくれないか。抜けたらご馳走してもらえると思うんだ。

　そして，「やっと，」についてそれぞれの気持ちを想像し，考えを出し合い自分なりに音読して本時は終わります。

15

研究授業協議会

ツッコミ 1　構造・リズム・ズレの面白さを音読劇で表現したい！ ----------

　かぶを抜くために普段協力しなさそうな者まで協力して抜こうとするところは本当に面白いですね。その大きさと甘さが魅力だったのでしょうか。相当いい匂いがしていたのかな。構造や表現を味わって大いに想像を膨らませて読んだならば，それを生かす音読をさせたいものです。音読劇をするとしたら，どのように指導されますか。(ヒグチ)

ツッコミ 2　直接描かれていない登場人物の気持ちを想像するためには？ ----------

　「おじいさんは，いぬをよんできました。」ではなく，「まごは，いぬをよんできました。」というところに，おじいさんのことを思いやる孫の気持ちが隠れていますね。よって，「かぶはぬけません」の音読もおじいさんの立場で読むのがよいと考えます。東京書籍教科書と同じ作絵の絵本（福音館書店）には，かぶがぬけなくていじけているおじいさんの絵もありますよ。(ホシノ)

ツッコミ 3　干支を取り入れつつ，言語活動も「協働的」にしてみては？ ----------

　猫がねずみに声かけする様子を考えさせるのは面白いですね。干支でも同じような関係があるので，その話も踏まえるとより深みが出そうです。また，最後の言語活動も１人ではなく複数で取り組む活動にすると，物語の本文と同じで「みんなで協力して１つのことを成し遂げる」といったことを実体験できるのでよいと思います。(カサハラ)

改善策・今後の展望

　素敵なツッコミに思考が深まりました。「音読劇をするとしたら？」という問いかけに，より言葉にこだわるために，例えば，「うんとこしょ，どっこいしょ。」とかぶを抜こうとしている場面と仲間を呼びに行く場面とで，音読をする子どもと動作化を中心にする子どもの役割をはっきりと

回答 1　音読発表の中に動作化を！

　1年生に構造・リズム・ズレの面白さを味わわせたいという思いは同じです。しかし，がっつりと音読劇を言語活動として取り入れることは考えていません。1年生のこの段階で構造・リズム・ズレの面白さを味わわせるためには，挿絵や叙述を手がかりとして協力している様子や気持ちを想像しつつ，動作化を通して作品の面白さを味わわせたいと思います。

回答 2　おじいさんだけに視点をあてて読むと面白さが半減します

　1年生の経験においても，犬が猫を呼んできたり，猫とねずみが協力関係にあったりするというのは想像し味わうべき面白さなのです。このズレにこそ着目すべきであります。そこには，1年生だからこそできる多様な想像が生まれるはずです。協力関係を結ぶだろうやりとりを考えること，考えを交流することが作品を味わう力を育てます。

回答 3　「みんなで協力して1つのことを成し遂げる」実体験？

　場面の様子や登場人物の気持ちを楽しみながら想像する力を国語科で育みたいと思っています。「みんなで協力して1つのことを成し遂げる」活動を楽しむ活動の1つとして取り入れることは，たいへん意味のある活動となりそうです。国語科として育みたい力がぶれないよう気をつけたいところです。

決めようと思いました。こうすることで，より場面に対する思いを交流し合えるのではないかと考えたからです。「協働的」な姿を，子どもの言葉と言葉の響き，リズムとテンポ，動作などについて自分の考えを述べ合っている姿に重ねられるよう指導したいです。

どうぶつの赤ちゃん

📖 光村図書・1年下

|授業者| 樋口 綾香
|研究授業協議| 宍戸 寛昌・山埜 善昭・河合 啓志

教材の概要

📖 R6光村図書・1年下「くらべて よもう」(全10時間・1月)

　本教材は,「問題提起→事例①ライオンの赤ちゃん→事例②しまうまの赤ちゃん」の順に説明される「事例列挙型」の説明文です。

　1段落では2つの問いが提起され,ライオンとしまうまの赤ちゃんの「生まれたばかりの様子(観点1)」と「大きくなる様子(観点2)」が2〜7段落で説明されています。

　ライオンとしまうまの赤ちゃんが対照的であるため,観点1と観点2の内容を対比しながら読むと,それぞれの特徴を捉えやすいです。さらにこれらの観点を基に「もっと よもう」のカンガルーの事例を読むことができます。

教材の系統性マップ

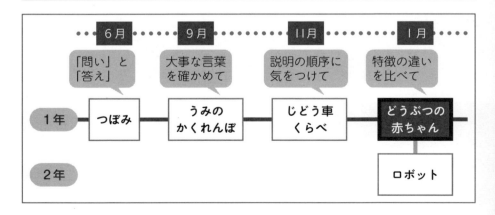

場面構成図

中				初め
④大きくなっていく様子 ・お乳を飲む期間 ・自分でえさをとって食べる時期	③大きくなっていく様子 ・移動の仕方	②生まれた時の様子 ・大きさ ・目や耳の様子 ・お母さんとの比較	ライオンの赤ちゃん	①動物の赤ちゃんは、生まれたばかりの時は、どんな様子か　問い(1) 問い(2)　どのようにして、大きくなっていくか
⑦大きくなっていく様子 ・お乳を飲む期間 ・自分でえさをとって食べる時期	⑥大きくなっていく様子 ・移動の仕方	⑤生まれた時の様子 ・大きさ ・目や耳の様子 ・お母さんとの比較	しまうまの赤ちゃん	

教材を支える側面情報

　これまでに学習した「つぼみ」「うみのかくれんぼ」「じどう車くらべ」（いずれも光村図書）では，それぞれ３種類の事例が紹介されていました。本教材でも，ライオンとしまうまの事例を読んだ後，「もっと　よもう」でカンガルーの事例が紹介されており，ライオンやしまうまの育ち方とは違うカンガルーの赤ちゃんが登場します。この３種類の動物の赤ちゃんの生まれた時の様子や大きくなっていく様子を知ると，他の動物の赤ちゃんはいったいどんな様子なのだろうと，多くの子どもが興味をもつでしょう。

　事例の数は，必ずしも３つというわけではありません。東京書籍１年の「さとうとしお」は２つ，「いろいろなふね」は４つです。光村図書はあえて３つの事例にこだわっているということでしょうか。真相はわかりませんが，例を挙げる時，２つでは不十分で４つでは多い，３という数字は読者に説得力をもたせるのにちょうどよい塩梅なのかもしれません。なぜ事例が３つなのか，なぜこの順なのか，考えるきっかけになりそうです。

┃ わたしの教材研究の視点

● この教材の内容面での面白さとは

　子どもたちに，「動物園に行ったことがある？」と聞いてみてください。きっと多くの子どもたちが「ある」と答えるはずです。もしかしたら１年生の遠足で行ったという学校もあるかもしれませんね。それから，「動物園にいる動物といえば？」と聞いてみます。子どもたちはどう答えるでしょうか。「ライオン」や「しまうま」を挙げる子もいるでしょう。よくいる動物ですし，強くて勇ましいライオンの人気は高そうです。子どもたちが挙げてくれた動物たちに対して，「その動物の赤ちゃんのころを見たことがある？」と問うと，どうでしょうか。「そういえば，知らないなぁ」と言う子，「知っているよ」と自信満々に答える子，いろいろな子がいそうです。

　説明文学習の面白さは，このように子どもたちの生活や経験と学習内容が繋がっていくことにあります。知っていたことの中に知らないことがあり，それを知って面白いと思ったり，不思議だと感じたり。この積み重ねによって，本を読むことやみんなで学ぶことの楽しさを知っていくのです。

　また，ライオンには強いイメージをもつ子どもが多いと考えられますが，本文中ではライオンの赤ちゃんの様子はとても弱々しく表現されています。反対に，しまうまの赤ちゃんは，弱いイメージであるはずなのに，生まれるとすぐに立ち上がり，１週間もすれば仲間といっしょに走るようになります。本来もつ「ライオン」と「しまうま」のイメージが，赤ちゃんのころの様子では真逆になっていることも面白さの１つです。説明文を読み終わると，はじめに挙げた動物の赤ちゃんの時の様子を知りたいと思う子どもたちが増えるでしょう。

● この教材の表現面での面白さとは

　「ライオンの赤ちゃん」と「しまうまの赤ちゃん」という２つの事例が対比的に述べられることが表現面での面白さです。１段落にある２つの問い，

20

問い(1)　生まれたばかりの時は，どんな様子か
問い(2)　どのようにして，大きくなっていくか
の答えが，ライオンは２・３・４段落で，しまうまは５・６・７段落で明らかになります。それぞれ２・５段落，３・６段落，４・７段落を対比して読むと，２つの動物の赤ちゃんの違いがよくわかります。

　では，なぜライオンとしまうまという２つの動物が事例に挙げられ，さらにライオンから説明されているのでしょうか。事例の挙げ方や順序性を考える時，ポイントになるのは「筆者」「読者」という視点です。

　筆者の増井光子さん（1937–2010）は，動物園の園長をしていたこともある獣医師でした。「筆者」は動物にとても詳しい人だったということです。その筆者がライオンとしまうまの２つの動物を取り上げたのはなぜでしょうか。子どもに考えさせる時は，「読者」の立場で考えさせます。すると，「自分たちが知っている動物を挙げたのかな」「大人の姿と赤ちゃんの姿が違う動物のことを教えたかったのかな」と考え始めます。草食動物と肉食動物であるという違いに気づく子もいるでしょう。「では，なぜライオンから説明したのでしょう」と聞いてみてください。正解がある問いではありません。人に何かを説明する時，どの順で説明した方が聞き手や読み手が興味をもってくれるか，最後まで聞いて（読んで）くれるかを考えるための問いです。説明文の構成を生かして，筆者意識を育てることができます。

● この教材で育むことのできる言葉の力とは

　この教材では「比べて読む力」を身につけます。段落ごとに動物の赤ちゃんの様子を比べると，その様子を強調する表現に気づきます。例えば，「子ねこぐらい」や「もうやぎぐらい」という大きさを表す言葉，「二か月ぐらい」「一年ぐらい」「三十ぷんも」「七日ぐらい」という時間や期間を表す言葉，そして「おかあさんに」や「じぶんで」という赤ちゃんの期間を考える言葉などに着目することでより「比べて読む力」が身につくでしょう。

教材研究から立てた単元構想

● 単元計画（全10時間）

次	時	目　標	学習活動
一	1・2	○身近な話題から動物の赤ちゃんへの興味や関心を高めて、「どうぶつの赤ちゃん」の範読を聞き、感想を交流することができる。	• 題名読みをして、どんな動物が出てくるか興味をもって考える。 • 範読を聞き、感想を書く。 • 感想を交流し、学習の見通しをもつ。
二	3・4	○観点を意識してライオンとしまうまの赤ちゃんの生まれたばかりの様子と成長する様子を読み取ることができる。	• ライオンとしまうまの赤ちゃんが生まれたばかりの様子と成長する様子を比べながら読む。 • 各段落に見出しをつける。
	5	○母親と赤ちゃんの様子を比べた時のライオンとしまうまの違いに着目して読むことができる。	• 「おかあさん」や「じぶんで」という言葉を手がかりに、親と赤ちゃんの様子を比べる。
	6	○事例の順序の理由について、考えをもつことができる。	• いろいろな動物がいる中で筆者が「ライオン」と「しまうま」を選んだ理由やライオンが先に説明されている理由を考え、交流する。
	7	○ライオンとしまうまの赤ちゃんを比べながら「もっと　よもう」を読むことができる。	• カンガルーの赤ちゃんの様子は、どのように説明されているか予想する。 • カンガルーの赤ちゃんの様子をライオンやしまうまの赤ちゃんと比べる。
三	8・9	○動物の赤ちゃんの様子について本で調べ、観点を基に情報を抜き出すことができる。	• 「どうぶつの赤ちゃんカード」を作る活動に取り組む。 • 動物の赤ちゃんに関連する本を読み、「生まれたばかりの様子」や「成長する様子」を読み取り、カードに記入する。
	10	○「どうぶつの赤ちゃんカード」をまとめ、クラスのみんなで読み合い、感想を伝え合うことができる。	• 作成したカードをまとめたものを全員で読み合って、感想を伝え合う。 • 学習を振り返る。

● 第二次 7 時の授業展開例

T　前にみんなに「動物園にいる動物といえば？」って聞いたことがあるよね。この動物を知っているかな？

　上のように言いながら，カンガルーの写真を少しだけ見せます。いろいろな動物の名前が出れば，次時以降の学習に繋がります。子どもたちがカンガルーだと気づいたら，写真を黒板に貼り，次のように問いかけます。

T　カンガルーの赤ちゃんが育つ様子は，ライオンに似ていると思う？　しまうまに似ていると思う？

C　ライオンだと思う！　カンガルーの子どもはいつもお腹の袋の中にいて弱々しい感じがするから。

C　しまうまじゃない？　だって草食動物だし。

T　では，「もっと　よもう」をいっしょに読んでみましょう。（音読）

C　カンガルーの赤ちゃん，小さすぎる！　1 円玉ぐらいだって。

C　草食動物だけど，ライオンの赤ちゃんよりもずっと小さくて弱々しくて，お乳だけ飲んでいる期間も長かったね。

C　ちょっと人間みたいだと思ったよ。

　ライオンとしまうまの赤ちゃんの様子を読む時に比べてきた観点を意識しながらカンガルーの赤ちゃんの様子を語り出します。なぜあんなに小さな状態で生まれてくるのか，疑問をもつ子どももいるでしょう。カンガルーの様子を映像や写真で提示するのがおすすめです。

　カンガルーは有袋類であるため，胎盤が不完全で赤ちゃんが未熟な状態で生まれてきますが，育児嚢で赤ちゃんを安全に育てます。ライオンにもしまうまにも似ていないカンガルーの赤ちゃんの様子は，子どもたちの探究心に火を灯し，次時からの調べ学習を楽しむ意欲を高めてくれるでしょう。

23

研究授業協議会

ツッコミ1 １年生であっても，クリティカルな視点から比較したい

　似ていれば相違点を，違いが大きければ類似点が際立つというのがわたしの教材観です。まったく異なる３つの動物の赤ちゃんの類似点は何か。それは文の構成です。ならば，それぞれの動物にしか書かれていない余計な一文（例えば「ライオンは，どうぶつの王さまといわれます。」）に着目することで，比較の切り口がもっと鋭利になるのではないでしょうか。(シシド)

ツッコミ2 「どうぶつ」の赤ちゃんと「人間」の赤ちゃんを比較する

　「ちょっと人間みたいだと思ったよ。」のつぶやきは素敵ですね。樋口先生はこの発言は取り上げますか？　山埜は，授業後半に「人間みたいなところがあるのは，カンガルーだけなのかな？」と問いたい。違いのある動物の赤ちゃんの「人間みたいなところ」を見つけることで，赤ちゃんの共通点を見出したいと考えたのですが，いかがでしょうか。(ヤマノ)

ツッコミ3 内容と構成

　樋口さんにしてはめずらしく，書かれている内容で授業を展開しているのが印象的です。第三次につなぐための１時間なのだと思いますが，ライオンとしまうまのお話で段落構成が似ていることを扱わなくてもいいのでしょうか。最終的には，自分が調べたことを同じ段落構成で書くと思うので，内容だけでなく書かれ方にも着目するのは，いかがでしょう。(カワイ)

改善策・今後の展望

　子どもに何を問い，どのようにその答えを次の活動に繋いでいくかが大切ですね。説明文学習において，教材を子どもの生活と繋げ，読んで学んだ筆者の書き方の工夫を書くことで発揮できるように授業を組み立てたいという思いは変わりません。しかし，それが教師の思いだけで進行しない

回答 1 類似点の中にある相違点，「余計な一文」を考える

　１年生でもクリティカルな視点を，ということですが，「余計な一文」を見つけることは思ったより難しそうです。しかし，「しまのもようもついていて，おかあさんにそっくり」や「はっきりわかるのは，口とまえあしだけ」に着目すると，確かに３種類の動物の赤ちゃんの母親との違いがはっきりわかります。難しくても，やってみる価値がありますね。

回答 2 人間の赤ちゃんとの共通点を見出す

　動物の赤ちゃんのことを考えていたら，読者である自分たち人間とも似ているところがあったと気づいたなんて，とても素敵なことですよね。ぜひ取り上げて，人間の赤ちゃんがどのように育っていくのかをいっしょに考えたいです。お乳を飲んでいる期間の長さに驚いたり，個体差があることに気づいたりできるといいなと思います。

回答 3 書かれ方にも着目する

　本当ですね。ああ，悔しい。「ライオンにもしまうまにも似ていない動物の赤ちゃんがいるんだ」「カンガルーの赤ちゃんの様子は面白いな」という感動で終わらせず，「書き方で似ているところはあった？　全然違っていた？」と聞けば，これまでの事例の書き方を比べて，スムーズに書くことに繋げられそうです。

ように，子どもたちの気づきを取り入れながら授業の方向性を修正したり，指導事項がしっかり身につけられる展開になっているかを確かめたりする柔軟性や調整力が授業者には重要だということを心がけたいと思います。

ふきのとう

📖 光村図書・2年上

授業者	中嶋 千加
研究授業協議	樋口 綾香・河合 啓志・宍戸 寛昌

教材の概要

📖 R6光村図書・2年上「どんなおはなしかをたしかめて，音読しよう」
（全9時間・4月）

　春一番に芽を出して，わたしたちに春の訪れを告げてくれるふきのとうの時期を考えると，4月上旬が望ましいです。

教材の系統性マップ

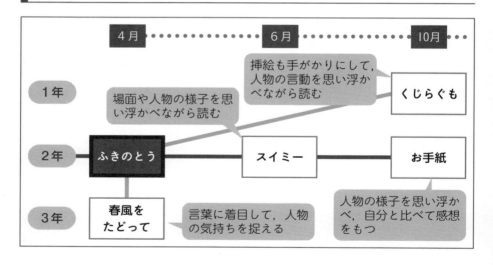

場面構成図

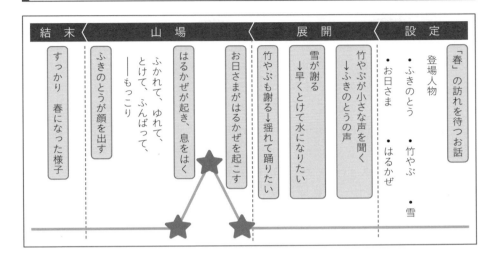

教材を支える側面情報

　「ふきのとう」のお話は，教科書のための書き下ろしであり，のちに『おいで，もんしろ蝶』（筑摩書房）に入れられることになったものです。作者である工藤直子さんが，散歩途中に道端でしゃがんだり，立ち止まったりしながら眺めていた時に，偶然雪をかぶったふきのとうに出合い，その情景を表現されたのがこの「ふきのとう」というお話です。「ものを見る時の目の距離は，見たものとの出合い方を決めるような，不思議なはたらきをするのではないか」と工藤直子さんは述べています。大人になると視野が広がっているように見えますが，子どもの頃に見えていた小さな生き物たちの営みや気づきが見えなくなってしまっているのではないかということに気づかされます。雪の下で踏ん張っているふきのとうを見つけられる目の距離感や視線を大事にしながら読んでいきたいです。

わたしの教材研究の視点

● この教材の内容面での面白さとは

　この教材の面白さは「目覚まし歌」であるところです。眠りにつく前に聞く「子守歌」ではなく，徐々に春を迎えてそれぞれが目を覚ましていく「目覚まし歌」です。その中でははるかぜが寝坊し，この寝坊事件によって様々な影響が生じていく。いわば，１人の失敗（寝坊）によって大きなしわ寄せがきていることが，面白いポイントです。自然の摂理に則るためにも，はるかぜには起きてもらう必要がありますし，みんなが春に向かって目を覚ましていくためには，１人も欠けてはいけない点も趣があります。

　「ふきのとう」と聞いて何を想像しますか。このお話を学ぶ２年生の子どもたちはどうでしょう。若い年代の先生にも言えることかもしれませんが，「ふきのとう」が芽吹いている姿を見たことがあるでしょうか。教材の「ふきのとう」との出合いと，植物としての「ふきのとう」との出合いを，教師と子どもが共に味わえるという点では，面白いかもしれません。

● この教材の表現面での面白さとは

　この教材は，２年生になりたての４月初めの物語文です。新しいクラスの友達や新しい先生に出会い，気持ち新たに出発した時期に扱います。かけ合いの台詞が多くリズミカルなため，様々な音読の工夫が考えられそうです。役分けをし音読をしていく中で，友達のよさや性格，声の質を理解できるといった，子ども同士の化学反応も期待できそうです。

　また，「ふきのとう」に描かれている台詞や情景描写を基にしながら，登場人物に対して自由に思いを馳せ，想像豊かに読むことができるところにも面白さがあります。雪と竹やぶがふきのとうに謝る場面がありますが，「ごめんね」「すまない」の謝罪の言い方から，性別や年齢層の違いを感じることもできます。また，お日さまのはるかぜに対する言葉かけから，自分の経験と照らし合わせて，母親のような母性を感じる子もいるかもしれません。

文中の根拠になる言葉と自分の想像が相まって，豊かに読むことができるようにしたいです。

● **この教材で育むことのできる言葉の力とは**

　この教材で子どもに身につけてほしいのは，正しく読む音読の力です。「音読の三原則は，『ハキハキ』『スラスラ』『正しく』」とあるように，ハキハキとした声の大きさ，スラスラと読めるスピード感，そして教材を読み間違えないように正しく読むということが，音読をさせるにあたって大切な指導ポイントになります。

　上記に述べた素地ができたうえで，子どもたちに音読の工夫を考えさせていきたいです。工夫を入れるとすれば，その時の状況に応じて声の大きさを変化させたり，身体を動かしたりしながら音読をする方法もあります。また，レベルアップした工夫として，登場人物の「位置関係」を踏まえた読みをしてみることも１つの方法です。人と話す時は相手の目を見てと言いますから，きっと登場人物の目線も意識させれば，読みに深まりが出ることでしょう。

教材研究から立てた単元構想

● **単元計画（全９時間）**

次	時	目　　標	学習活動
一	1	○物語と出合い，単元の学習の見通しをもつことができる。	• p.19のリード文を読み，春を感じる身近なものについて話し合う。 • 本文を読み，登場人物や出来事について確かめ，初発の感想をもつ。
二	2〜5	○場面の様子や登場人物の行動について捉えることができる。 ○話のまとまりや，声の大きさ，読む速さなどに気をつけながら音読し，自分が考えた工夫を友達に伝えることができる。	• 会話文を中心に何が起こったのかを確かめる。 • 登場人物になりきって音読をする。 • どのような音読の工夫ができるかを考え，友達に伝え合う。

29

三	6・7	○音読の工夫を考え，音読発表に向けて練習をすることができる。 ○音読を工夫しながら，役に分かれてグループで音読発表を行うことができる。	・役割を決めて班で音読発表会を行い，互いに聞き合う。
	8	○学習してきたことを振り返り，音読の工夫についてまとめ，今後の「読むこと」学習に生かそうとする。	・学習を振り返り，できるようになったことを確かめる。
四	9	○絵本の読み聞かせを聞き，春を感じている様子について考えることができる。 ○読書記録の仕方について理解することができる。	・p.32の「この本，読もう」で紹介されている本の読み聞かせを聞く。 ・読書記録の仕方について知る。

● **第一次 1 時の授業展開例**

　導入でリード文にある「はるをまつ」というキーワードに着目して，身近にある春を想起させます。そして，教材文を読み，このお話に出てくる登場人物を確認します。その後，子どもたちに登場人物の位置関係を確かめさせます。

T　ふきのとうのお話に出てくる「ふきのとう」「竹やぶ（竹のはっぱ）」「雪」「お日さま」「はるかぜ」がいる場所を確認してみよう。
C　ふきのとうは「よいしょ，よいしょ。おもたいな。」って雪の下で言ってるよ。
C　土の上に雪があるから，その下にふきのとうがいるね。
C　竹やぶも生えているけど，雪にお日さまの日があたらないくらいの大きさなのかも。

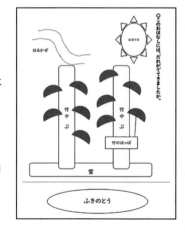

C　お日さまは，空の上にいてはるかぜを起こしているね。
C　南を向いてお日さまがはるかぜを起こすから，はるかぜは南にいるね。

　ここで，「南」という言葉が出てきますが，まだ方角を学習していない時期なので，そこまで深く触れる必要はないかと考えます。板書の左右どちらかから，はるかぜが息を吹きかける情景が想像できるように提示できれば，それでよしとします。その後，初発の感想を書いて終わります。

● 第三次6・7時の授業展開例
　音読発表会に向けて練習を行う時間になりますが，工夫を考えるにあたって，声の大きさや抑揚などの他に，登場人物の会話をしている方向を意識づけさせます。

T　ふきのとうや竹やぶがお話をするけど，どっちを向いて話しているかな？
C　うーん，ふきのとうは「よいしょ，よいしょ。おもたいな。」だから，上を向きながら手で押さえている感じで言ってる。
C　でも，下を向いて目をぎゅって閉じてふんばっているのかもしれないよ。
C　竹やぶは，雪に謝っているから，下向きかな。
C　雪は，ふきのとうにも謝っているし，きっと水になれない訳を伝えるために，竹やぶの方も向いてると思う。

　登場人物の位置を第一次で確認しているため，それぞれの位置を踏まえたうえで考えていきます。誰と誰が話しているのか，どこを向いて話しているのかという点を考えさせると，工夫の幅が広がります。

研究授業協議会

ツッコミ1 音読の上達と表現力の向上の両立を目指したい ー ー ー ー ー ー

　「ハキハキ」「スラスラ」「正しく」という音読の三原則ってとても大切ですよね。さらに「ふきのとう」では登場人物の位置関係や実際の大きさ，様子，会話文から想像した声色，心情などのイメージを膨らませたからこそ，それらを生かして音読をしてほしいと願ってしまいます。そうなると，役割読みよりも１人ですべてを音読するのがよいと思うのですが，どうでしょうか。(ヒグチ)

ツッコミ2 音読発表を劇にしてしまってはどうでしょう ー ー ー ー ー ー ー

　登場人物の言動から位置を意識して音読することは面白いです。音読が劇のようになります。音読は，読み取った人物像や心情を表現することが目標になります。いっそのこと，地の文の音読はやめて，会話文のみの音読にし，地の文に書かれていることを演技や表情で表現しても面白いと思います。そうすることで，読み取ったことを表現しやすくなります。(カワイ)

ツッコミ3 空間をダイナミックに使った音読体験を ー ー ー ー ー ー ー

　音読に空間的な位置関係を取り入れるのは面白いですね！　この教材は登場人物の順序や大きさに規則性があるのでなおさらです。それだけに，「どちらを向いているかな？」という発問だけではもったいない。しゃがむ―立つ―椅子に乗ることで高さを，人数で大きさをと，身体を生かした表現の工夫を全体で体験することが，読解にも音読発表にも生きるのでは？ (シシド)

改善策・今後の展望

　ご意見をいただいて，個々の音読の上達と表現力を様々な視点から高めていくことを９時間でどこまでできるのか，単元計画の見直しが必要だと感じました。１人でじっくりと音読の練習をする時間と，友達と一緒に練習していく時間を上手く使い分け，子どもたちが物語の登場人物になりき

回答1 両立を目指していくためにも必要なこと

　指摘の通り，1人ですべてを音読していくと，登場人物ごとに声色を変えたり，心情や動きが変化したりすることで，学びがさらに深まると思います。ただし，それはできる子ども限定な気がします。1人ではどうしても難しい子どももいることを考慮し，様々な個性が揃った班で表現することで，助言や励まし，そして新たな気づきの連鎖が生まれるのではないかと考えます。

回答2 次年度への布石

　地の文の音読を取っ払って，会話文のみの音読にするのは，ストーリーがよりリアルに感じられそうです。発達段階を考えると，演技や表現に集中させるには，教師の地の文の音読は必要に感じます。ですが，そこで一人一人の表現の個性を見取ることができるのは素敵です。ここでの表現力が次年度への布石になると考えると，音読発表から劇への転換は面白いですね。

回答3 教室にあるものすべてが道具に

　2年生という発達段階において，じっと45分間も座っていることなんて苦痛であることを考慮していく必要がありそうです。指摘の通り，もっとダイナミックに表現できるような発問や声かけを再考し，全身を使った活動ができるような環境が大切ですね。教室にあるものが小道具・大道具に変わる，そんな子どもの表現力や想像力を教師が阻害しないようにしたいです。

れる環境を設定したいです。そして，「カーテンを雪に見立てたい」や「椅子や机に乗りたい」という子どもの想像力が生み出す表現の仕方も，教師の発問1つで変化することに改めて気づきました。そんな想像力を寛容な心で受け入れられる柔軟さを教師側が持ち合わせていきたいです。

名前を見てちょうだい

■ 東京書籍・2年上

授業者	古沢 由紀
研究授業協議	河合 啓志・星野 克行・佐藤 司

教材の概要

■ S52〜R6東京書籍・2年上「すきな場めんを見つけよう」
（全11時間・6月）

本教材は，えっちゃんが不思議な世界へと入りこんでしまうファンタジー作品です。えっちゃんがお母さんからもらった大切な帽子を取り戻そうと，どんな相手にも臆することなく「名前を見てちょうだい」と主張していく場面が印象的です。繰り返しの表現があり，場面の移り変わりも捉えやすいです。人物の行動や会話を読み取り，心情の変化を読み取る学習に適しています。

教材の系統性マップ

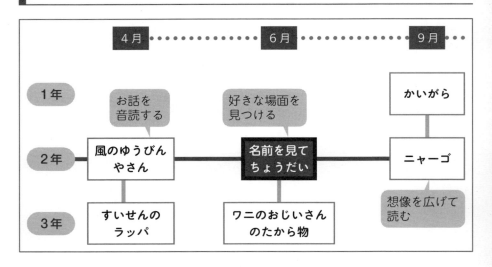

34

場面構成図

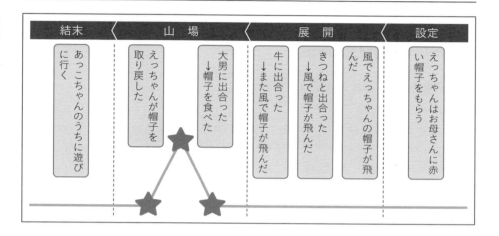

教材を支える側面情報

　作者であるあまんきみこさん（2019）は，「名前は，親，または保護者からの，最初に心を込めたプレゼント」と述べており，「名前」をとても大事にしていることがわかります。そのため，物語の中でもえっちゃんが大男に対して「名前を見てちょうだい」と堂々と主張する姿が印象的に描かれています。他にも，同著書『きつねのおきゃくさま』では，きつねが自分より強いおおかみに対して堂々と名乗り上げる場面があります。どんな相手であっても，名乗り上げたことで力を発揮したきつねはどこかえっちゃんと重なるものがあります。作者は読者に対して次のようにも語っています。「このかけがえのない名前の子の人生が，いっぱいの喜びであふれてほしいと。そして，そのような人生にでも必ずや起きるであろう，きつねや牛の不可解，それから大男の理不尽に対しては，このえっちゃんのようにしっかりと相手を見て，目をそらさずに言ってほしいと。『名前を見てちょうだい。』『あたしのぼうしをかえしなさい。』と，いうふうに。」

「名前を見てちょうだい」の作品を読んだ後，作者の思いがふとよみがえるようでありたいものです。

わたしの教材研究の視点

● この教材の内容面での面白さとは

山元（1997）はあまんきみこの作品について次のように述べています。「あまんきみこの作品には，人物の心情を理解するスタンスと，人物を対象化するスタンスの両様のスタンスを読者が採用するような仕掛けが常に予定されていて，そこに主体の側の一貫性・統一性をしたたかに揺さぶっていく力が備わっているように思えてならない。」

つまり，登場人物の心情を体験しながら，その一方で人物たちを対象化する行為を繰り返し，読者である自分自身の価値観を振り返るようなしかけがあると言えます。「名前を見てちょうだい」では，読者と同年代くらいのえっちゃんに同化することで，えっちゃんの経験を追体験することになります。しかし，ふと「自分だったらどうするかな。」というような問いが生まれます。大男に怯まずに言いたいことを言ったえっちゃんは，元の世界に戻ると何事もなかったかのようにあっこちゃんのうちに遊びに行きます。その時，読者は「えっちゃんは，帽子を取り戻した後どうしたのかな。」という問いが生まれるでしょう。その問いから，えっちゃんの人物像や本文に立ち返り，えっちゃんの思いを自らの言葉とし表現することができると思います。その際，その後の事実だけを想像で書き，えっちゃんの心情を表出できないまま終わってしまう学習にならないよう気をつけたいところです。

● この教材の表現面での面白さとは

作品の中で，繰り返しの表現がいくつかあります。子どもたちは，それらにちょっと遊び心を感じるようです。たとえば，「こら，ぼうし，まてえ。」や「それ，あたしのぼうしよ。」，「名前を見てちょうだい。」は，場面が転換

されるたびに登場し，リズム感が心地よく感じられます。また，擬態語やオノマトペ，色彩語も多用されており，それらの表現から，思い浮かぶ情景を豊かに想像しながら，登場人物になりきって音読させたいところです。あまん（2019）は自身の幼少期の経験をふまえて「子どもは同じ言葉で，同じリズムで聞くことで安心する」と述べており，繰り返しの表現を意識していることがわかります。

　題名にもなっている「名前を見てちょうだい」は，えっちゃんの人物像をふまえたうえで，どんな表情や動きをしているか多様な解釈が生まれると考えられます。そのため，それぞれの人物になりきって行う音読劇などの演劇的な読解に適しているでしょう。

● この教材で育むことのできる言葉の力とは

　この作品の言葉の力とは，物語の構造（場面構成）です。この作品では，「風がふいてきて帽子が飛ばされること」は，この作品の繰り返しのモチーフ，ファンタジーのしかけになっていることがわかります。しかし，結末である非現実から現実に戻る6場面には「風がふいてきて」という描写がないのです。

　これについて宮川（2019）は，「あまんきみこの作品では，『ふつう』と『ふしぎ』を切り替える手続きが明確には示されていない。」と述べたのち，それが「あまん文学」の独自性であるとして高く評価しています。えっちゃんが現実の世界に戻ってきた様子を想像するうえで，「風でとばないように」「ぎゅうっとかぶって」という逆行為表現を加えるとするならどこが適しているか考えてみると首尾照応になります。このような教材の特徴から課題となる問いを設定するなら，自然とファンタジー構造に目を向けることができ，読みの必然的要素となるのです。

教材研究から立てた単元構想

● 単元計画（全11時間）

次	時	目　標	学習活動
一	1・2	○物語と出合い，人物像を読み取って自己紹介し合うことができる。 ○場面設定を読み取る。物語の構造について話し合うことができる。	・物語のあらすじを読み取る。 ・中心人物えっちゃんとそれぞれの人物像になりきって自己紹介文を書く。 ・物語の設定・場面を確認した後，ファンタジーの入口となる表現に着目して話し合う。
二	3	○えっちゃんの帽子に対する思いを読み取り，「えっちゃん日記」を書くことができる。	・えっちゃんの会話文を音読で読み取る。 ・「えっちゃん日記」を書き，交流する。
	4	○きつねや牛に出合ったえっちゃんの思いを読み取り，「えっちゃん日記」を書くことができる。	・繰り返しの表現に着目しながら，音読を通して読み取る。 ・「えっちゃん日記」を書き，交流する。
	5	○大男と出合ったえっちゃんの思いを読み取り，「えっちゃん日記」を書くことができる。	・怒っているえっちゃんの声や表情に着目しながら音読する。 ・「えっちゃん日記」を書き，交流する。
	6	○えっちゃんが現実の世界に戻った後の様子について話し合うことができる。	・出来事を通して，えっちゃんの変容に目を向けて話し合う。
三	7・8	○班ごとに役割を決めて，音読劇の練習をすることができる。	・会話文などの言葉から音読の仕方を考える。
	9・10	○班ごとに音読劇をして，感想を交流することができる。 ○単元を振り返り，作者へ手紙を書くことができる。	・他の班のよいところが伝わるように感想文などを書く。 ・単元を振り返り，「名前を見てちょうだい」の作者へ手紙を書く。

● 第二次６時の授業展開例

　導入では，初めと終わりの場面を確認します。えっちゃんは，帽子を取り戻した後，名前があるか確かめています。つまり，えっちゃんは帽子を取り返すことだけはなく，「うめだえつこ」という自分の名前があるかどうかが大事だったということがわかります。

T　みんなだったら，あっこちゃんやお母さんに，この日にあったことを話しますか。

C　わたしは，話すと思います。だって，わたしならやっとの思いで帽子を取り返したことは，みんなに言いたいです。

C　ぼくは，話さないと思います。なぜかと言うと，言ってもわかってくれないかもしれないからです。

　登場人物に同化し，自由に想像力を働かせて物語の続きを考えます。その後，次のように問います。

T　なるほど。じゃあ，「えっちゃんだったら」どうすると思いますか。

C　えっちゃんだったら，嫌なことははっきり言えるし，小さいことは気にしないから言わないと思います。

C　わたしは，言っていると思います。最後に，えっちゃんは名前があるか確かめてほっとしているからです。お母さんにもらった名前をもっと大切にしていると思います。そのことをお母さんにありがとうって言っていると思います。

　本文の様々な部分に関連性を見い出し，一貫性のある文脈に基づいて創作文を書くように伝えます。できあがったら，全体で共有します。また，音読劇では創作文を演劇に用いることで主体性が高まるようにしました。

39

研究授業協議会

ツッコミ 1　変容を読むなら，同化よりも異化して読むべきでは ----------------

　えっちゃんが話すことには，えっちゃんの出来事に対する認識が表れます。名前への感謝というよりも，名前を刺繍してくれたことや帽子をくれたことへの感謝，自分が頑張ったことを伝えるのではないでしょうか。えっちゃんの変容は，えっちゃんを外から見て何が変わったかということなので，えっちゃんに同化することで読みにくくなると思います。(カワイ)

ツッコミ 2　物像を基に創作文を書かせたいのであれば ----------------

　えっちゃんときつね・牛と大男のジャンケンのような三すくみの関係から，えっちゃんのよさや名前の大事さ等を見つける活動を前時で扱うとよいと考えます。また，フレーベル館『なまえをみてちょうだい』の「あたしもいれて」という物語には，不思議な世界から帰ってきたえっちゃんがお母さんに話す場面があるので参考にさせると詳しく想像できますね。(ホシノ)

ツッコミ 3　この活動の価値はどこにある？ ----------------

　本時の目標「えっちゃんが現実の世界に戻った後の様子について話し合うことができる」は，どういった言葉の見方・考え方を身につけさせようとしているのでしょうか。わたしは，この展開例はえっちゃんの人物像を読む活動になっていると考えました。だとすれば，物語に描かれていないえっちゃんがとるであろう行動の根拠まで問うべきではないかと思いました。(サトウ)

改善策・今後の展望

　皆様からいただきました「ツッコミ」によって学習の価値を振り返ることができました。主体的な読みを促すためには，子どもたち自身の読みに対する内発的動機づけが必要になります。「名前を見てちょうだい」は，読者が物語の世界に引き込まれていく構造上のしかけと表現上のしかけが

回答 1 物語を同化して読む体験にこそ意味がある

　ここでの重要なポイントは，続きの話を想像することを契機に，えっちゃんが帽子を取り戻した後どう変容したのか，とりわけ名前ということに対してどう考えたか意味づけをすることだと思います。そのために手紙を書き，物語に同化して読む体験にこそ重要性があるのではないかと思います。

回答 2 「あたしもいれて」を用いて比べ読み・重ね読み

　複数の作品を読む場合，授業の意図が最大限に生かされることが大切ですね。「あたしもいれて」を読むことでえっちゃんの様子を豊かに想像したいものです。例えば，「あたしもいれて」を読み聞かせしたり，「名前を見てちょうだい」と比べて読んだりすると，新たな気づきを交流できるかもしれません。

回答 3 物語世界をより豊かに想像できる手立て

　前提として，自由な読みに任せるのではなく，どうしてそう考えたのか，物語の叙述にこだわって読むことが大切です。お話の続きを考えることは，想像力を働かせるだけでなく，その物語の文体や表現を生かして書く力も同時に身につけることができます。また，続きの話を音読したり劇化したりするなど，様々な言語活動に繋げることができるでしょう。

あるので，もっとそれらを生かせる授業を検討していく余地があると思いました。例えば，「名前を見てちょうだい。」というセリフが何度も出てきますが，すべて同じ読み方でよいかどうか検討すると，えっちゃんの変容に気づけると思いました。

たんぽぽのちえ①

📖 光村図書・2年上

|授業者|笠原 冬星|
|研究授業協議|樋口 綾香・山埜 善昭・宍戸 寛昌|

教材の概要

📖 R6光村図書・2年上「じゅんじょに気をつけて読もう」
　（全10時間・5月）
　本教材は、2年生の5月に学習する説明文です。たくさんの「ちえ」があるので、そこを落とさず読むことが大切です。また、「順序性」がとても大切なので、順序に気づけるような授業展開を行うことが重要です。

教材の系統性マップ

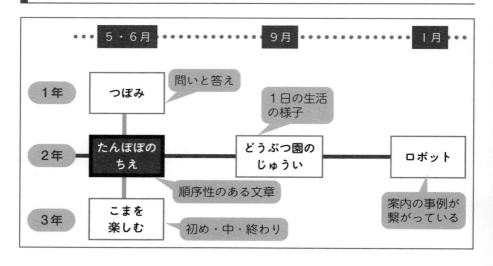

42

場面構成図

教材を支える側面情報

　筆者の「植村利夫」は理学博士であり，特に「クモ（動物）」について世界的に有名な学者です。たんぽぽについても多数の論文を発表しています。また，小学校で教鞭をとっていたこともあり，文章の書きぶりなどについても，小学生でもわかるような書き方で書かれています。

　筆者はクモについての専門家であり，「クモの知恵」についても，その成長の仕方から，クモの巣の作り方など，様々なことに言及しています。

　知恵と言うと，動き回っている動物を思い浮かべることが多いです。しかし，植物であるたんぽぽにも様々な工夫があり，生きるための知恵と言うことができるのではないかと考え，本教材の題名としています。

　また，「たんぽぽ」という名の詩からできた本も出版していて，筆者は生き物を愛し，その生態を研究し，それらを伝えようとする人物であることが垣間見えます。

わたしの教材研究の視点

● この教材の内容面での面白さとは

　この教材は，たんぽぽの「工夫」について書かれています。たんぽぽは，足元にありあまり気づかれることのない花のように思えます。そういった花の工夫は何でしょうか。よく観察すると，足元にありながら，より遠くまで飛ばせるように，茎をのばしたり，雨の日にわた毛を飛ばしてもあまり意味がないので休んだり。普段何気なく見ている「たんぽぽ」にもたくさんの「工夫」や「秘密」があることに気づけると楽しくなる内容です。この文章を読むことによって，自分の身の回りにある「何気ないもの」にも視点を向けるきっかけになってくれればと考えています。

● この教材の表現面での面白さとは

　この教材は「説明文」であるので，事実を正確に伝えることを大切にしています。説明文のような文章での「表現面での面白さ」は，如何に内容を正確に伝えることができるかの工夫を見つけることにより感じられると考えられます。この教材では，「時間」に関する言葉を活用して，たんぽぽの成長と共に説明が進んでいくところです。「二，三日たつと」や「このころ」など，時間の経過がわかりやすい言葉がたくさんあります。また，各項目の最初では「事実」が書かれており，なぜそうなるのかの「理由」が次に書かれています。他にも，「なんでこんな風になるのだろう？（問い）」→「それは○○だからである。（答え）」という，読み手が疑問をもち，その疑問を解決する，といった書き方がされています。このような書き方をすることにより，「問いが解決する」という，読み手が文章に引き込まれるような「しかけ」がされています。

● この教材で育むことのできる言葉の力とは

　この文章で育むことのできる言葉の力は，大きく分けて２点あります。

1点目は順序性です。本作品は読者が「順序」へ自然と意識が向くように、「時間」の流れがわかるような言葉が散りばめられています。そこで、まず「時間」に関する言葉を子どもと一緒に確かめることにより、文章全体の流れがよりわかりやすくなります。

2点目は、単元構想でも示しますが、それぞれの「時間」に接続詞をつけることによって、より時間の流れがわかりやすくなることを学べる点です。まずは、文章の内容を把握するために、書かれている文章の順番をバラバラにします。それを教科書と同じ順番に戻す活動を行います。その際、教科書と見比べる等を行うことによって、子どもは内容を把握しつつ、活動を行うことができます。その後、「どんな言葉を前につけるとわかりやすい？」という発問をします。実際に並び替えを行う時には、「時間」の言葉だけでは元に戻しにくいものです。そこで、「はじめに」「つぎに」といった接続詞を入れたり、①・②……といった番号を入れたりするなどの工夫を行うことにより、より見やすい文章になることが実感できるようになります。

以上の2点が、この文章で育むことのできる言葉の力であると考えられます。

教材研究から立てた単元構想

● 単元計画（全9時間）

次	時	目標	学習活動
一	1	○説明文と出合い、単元の学習の見通しをもつことができる。	・これは何の植物のことについて書かれているか、見通しをもつ。
二	2	○知恵はいくつあるかを確かめることができる。	・知恵は大きく4つに分けられることを確かめる。
	3〜6	○4つの知恵について詳しく読み、まとめることができる。	・4つの知恵についてノートやプリントにまとめていく。

	7	○「初め・中・終わり」に文章を分けてみることができる。	• 3部構成に分け，「初め」や「終わり」の部分に書かれていることを確かめる。
	8	○バラバラになった4つの知恵を正しい順番に並べ直すことができる。	• 理由なども含めて，正しい順番に並べ直す。
三	9	○文章に接続詞や段落番号をつけて，順番をわかりやすく工夫することができる。	• 順番が変わってもほかの人にわかりやすく伝えられるように，文章に工夫をする。

● 第二次8時の授業展開例

この時間の最初に次のようなお話をします。

○○（任意の登場人物）が「たんぽぽのちえ」をもっていってしまいました。困ったので，□□探偵団に相談しました。すると，□□探偵団が「たんぽぽのちえ」を取り戻してくれました。しかし，急いでいたので，順番がバラバラのままもってきてしまいました。みんなで正しい順番に並べ替えてください。

このように話すと，子どもにとっては「順番」を意識して読む必然性が出てきます。そこで，それぞれの順番をバラバラにした紙を配付し，子どもたちが元通りにする活動を行います。こうすることにより，文章を読み返す必要が出てきます。

並べ直しを行った後は，次のように進めると文章の内容を確かめることができます。

T　どのような順番になったのか確かめましょう。また，その理由も答えるようにしましょう。

C　最初は黄色い花の文章だよ。

C　その後に軸が倒れる話があるよね。

C 「このころになると,……」の文章は軸がもう一度起き上がるので,倒れた話の後だよね。

ここで,順番やその理由を確かめた後,「もっとわかりやすく順番を確かめるにはどうすればいいかな」と問いかけます。そして,「はじめにや次に,といった言葉を入れる」や「①,②,③……などの番号をつけるようにする」などのアイデアを出させて,よりわかりやすい文章にすることにもチャレンジしてみます。

● **板書計画**

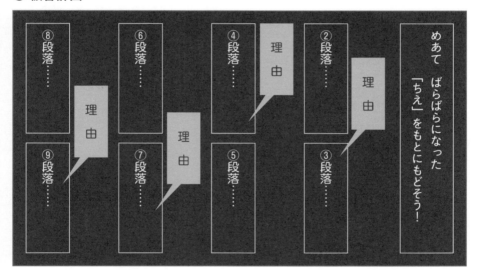

研究授業協議会

ツッコミ1　4つ目の知恵に着目した事例の順序性

4つの知恵は果たして本当に生長する順なのでしょうか。1つ目から3つ目までは，軸が倒れる→起き上がって伸びる→綿毛ができるという順になっていますが，4つ目の知恵は天気によって落下傘の開き方を変えています。4つ目だけ他の3つとは違うことに気づけば，より事例の順序性の面白さに気づくのではないでしょうか。（ヒグチ）

ツッコミ2　8時間目の学習としてどうか？

順序の並べ替えは，内容の把握として有効だと思いますが，単元の前半ですべきではないでしょうか。7時間も学んだ子どもにとっては，確認にすぎない気がします。ここでは「考えの形成」の局面として，子どもがすごいと思った「知恵」を伝え合う方が，先生のおっしゃる身の回りにある「何気ないもの」にも視点を向けるきっかけになるのでは？（ヤマノ）

ツッコミ3　時系列で並べることで「何」に気づかせるのか

「教材バラバラ事件」は段落の順序と筆者の工夫を意識させるためにとても有効です。それだけに意図が明確でなければパズル遊びで終わります。教材文に追加する記号や接続詞を考えさせるのではなく，順番を決める鍵となった言葉を1つだけ選ばせる，またはその言葉を予め抜いて提示するなど，難易度を上げつつ焦点化した方が子どもは意識できるのでは？（シシド）

改善策・今後の展望

8時間目の「教材バラバラ事件」を行う際に，「順序を決める『キメの言葉』を探そう」という活動を追加するようにします。そして，「よりわかりやすく並べるには？」という流れで行っていきます。

また，子どもの実態によっては，「教材バラバラ事件」を単元の最初に

回答1 「成長」という言葉のほうがよい

　１～３つ目の知恵は植物としての生長ですが，４つ目の知恵は，よりよく種を届けるための構造としての工夫と考えられます。すると，教科書も「成長」という一人前に成熟するという意味の言葉が使われているのも納得できます。４つ目に着目すると言葉の意味も理解できてよいと考えられます。

回答2 子どもの実態に合わせることが大切

　本教材は２年生で初めて出てくる順序のある説明文で，子どもは新しい書き方を学びます。よって，最初は各段落を丁寧に追いつつ，最後に学んだことを生かす活動という流れにしました。学級には様々な子どもがいるので，ゆっくり進める展開にしました。ただ，学級の実態によっては，いきなり全体を読むなど，単元の流れを変えてもらうのもよいと思います。

回答3 「教材バラバラ事件」をわかりやすく解く鍵がある

　今回は「教材バラバラ事件」をよりわかりやすく解くための鍵として，追加の記号や接続詞を入れる方法を考えました。最初は文中の言葉などを大切にしながら並び替えを行う予定です。その手立てとして先生のおっしゃるような「鍵となった言葉を選ばせる」や「言葉を抜いて提示する」という手立ても有用だと感じました。

もってくる方法も考えられます。その際は，わかりにくかったところをもう一度読み直すといった流れで行うと，文章の捉え直しができると感じました。時間的な余裕があれば「すごいと思った知恵」についての交流も行っていきます。

たんぽぽのちえ②

■ 光村図書・2年上

授業者	西尾 勇佑
研究授業協議	宍戸 寛昌・河合 啓志・山埜 善昭

教材の概要

■■ R6光村図書・2年上「じゅんじょに気をつけて読もう」
（全10時間・5月）

　この教材は、たんぽぽが花を咲かせてから、綿毛についた種を飛ばすまでに働かせている「ちえ」を順序よく説明しています。また、「ちえ」の後には、その「ちえ」を働かせている「わけ」もセットで説明されています。

　筆者である植村利夫さんは、小学校での教員経験があり、中学校では教員・教頭・校長を歴任しています。「たんぽぽのちえ」は教科書のための書き下ろし教材です。

教材の系統性マップ

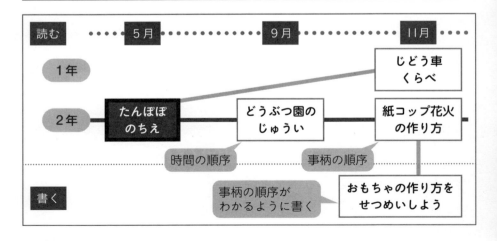

場面構成図

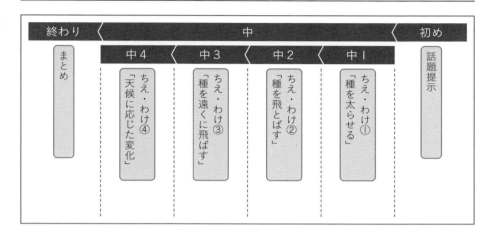

教材を支える側面情報

　本教材は，授業者によって知恵を４つと捉えるか５つと捉えるか，意見が分かれることがあります。

　知恵を４つと捉える場合には，上の場面構成図で示したように「種を太らせる知恵」「種を飛ばす知恵」「種を遠くに飛ばす知恵」「天候に応じて落下傘の開き具合を変化させる知恵」の４つに分かれます。

　一方，５つと捉える場合には，知恵の１つ目から３つ目までは同様で，その後の８段落を「晴れた日に落下傘を開く知恵」，９段落を「雨の日に落下傘をすぼめる知恵」と細かく分けて考えています。

　このズレは，晴れの日と雨の日を対比的に説明するために，それらの間で形式段落を変えていることが原因であると考えられます。晴れの日と雨の日の様子を一括りの知恵とし，知恵の１つ目から３つ目までと同様に，「ちえ」と「わけ」の間（９段落１文目と２文目の間）で形式段落を変えてみると，より美しい説明文の構成が見えてきます。

わたしの教材研究の視点

● この教材の内容面での面白さとは

　この教材を読むことで，「たんぽぽ」という植物も，動物のように知恵を働かせて生きているということに気づくことができます。動物が知恵を働かせていることは広く知られていることであり，子どもたちも絵本や教科書などで見たことがあります。例えば，たこが周りと同じ色になったり，もくずしょいが海藻を体に張りつけたりして身を隠すなど，知恵を働かせながら生きていることは，１年生の「うみのかくれんぼ」でも学習しています。

　しかし，植物が動物と同じように知恵を働かせて生きているということが取り上げられることはあまりありません。この教材の学習を通して，そこに目を向け，「うみのかくれんぼ」と関連づけながら話をすることで，子どもたちが，「その他にも知恵を働かせている動植物はいるのだろうか？」と興味を広げ，生活での植物の観察に新たな視点をもつことや，図書館などで実際に調べてみるなど，学習を発展させていくことができるでしょう。

● この教材の表現面での面白さとは

　この教材は，子どもたちが小学校生活の中で初めて出会う，三部構成（初め・中・終わり）で書かれた説明文となります。話題提示から始まり，４つの事例（「ちえ」と「わけ」）があり，「このように」と抽象的にまとめて終わるという非常にシンプルで美しい構造となっています。しかし，この中で着目すべき点が２点あります。

　１点目は，問いの文がないということです。１年生で学習する説明文では必ず問いの文が書かれていましたが，「たんぽぽのちえ」では，話題提示のみで中の事例へ進んでいます。１年生から系統的に説明文を学習してくると，この違いが際立って見えてきます。

　もう１点としては，「教材を支える側面情報」でも少し触れた，中の４つ目（8・9段落）の書き方です。8段落には晴れの日の知恵，9段落には雨

の日の知恵と，8・9段落にかかる「わけ」が書かれています。これは雨の日と晴れの日を対比的に示したかったと考えることもできますが，「ちえ・わけ①〜③」の書き方を考えると，「ちえ」と「わけ」の間（9段落1文目と2文目の間）で形式段落を変えた方がよかったのか，議論する余地があるのではないでしょうか。

● **この教材で育むことのできる言葉の力とは**

　この教材で子どもに身につけてほしいのは「順序」です。1年生で学習してきた説明文では「問い」と「答え」が中心でした。しかし，2年生では「たんぽぽのちえ」や「どうぶつ園のじゅうい」で時間の順序を学び，「紙コップ花火の作り方」で事柄の順序を学びます。そして，これら説明文で学んだことは，「書くこと」に生かしていくことも想定されています。実際に「紙コップ花火の作り方」の後には，「おもちゃの作り方をせつめいしよう」という「順序」を使った文章の書き方を学習していきます。

　このように，2年生では複数の教材を通して，「順序立てて説明することの大切さ」を学習していきます。「たんぽぽのちえ」は，その出発点とも言える教材なのです。

　もう1つ挙げるとすれば，「文章の役割」を捉える力です。文章を単なる文字の羅列として捉えていては，いつまで経っても「読める」ようにはなりません。この教材は，4つの事例の中でも，それぞれ「ちえ」と「わけ」の役割に分けて書かれています。「この部分は，ちえ（わけ）について書かれているな。」と子どもたちが自分で捉えられるようにしたいところです。

　低学年の頃から「文章の役割」を意識することで，今後文章の量が増えてきても，それぞれの役割や意味を考え，文章の全体像を捉えることができるようになります。これが，中学年で「意味段落」に分けたり，高学年で「要旨」を捉えたりということに繋がっていき，延いては文章が「読める」子どもに育ってくると考えています。

53

教材研究から立てた単元構想

● 単元計画（全11時間）

次	時	目　標	学習活動
一	1	○「中3・4」を抜いた説明文を読み，内容を捉えることができる。	・「中3・中4」を抜いた説明文を読み，形式段落と語句を確認する。
	2	○「中3・4」を抜いた説明文を読み，全体の構成（初め・中・終わり）を捉えることができる。	・「中3・4」を抜いた説明文を読み，全体の構成を確かめる。
二	3	○「初め」を読み，これまでの説明文との違い（問いの文がない）を考えることができる。	・「たんぽぽのちえ」の「初め」と1年生で学習した教材の「初め」を比較する。
	4	○「（3・4を抜いた）中」を読み，「ちえ」と「わけ」の役割を捉えることができる。	・「（3・4を抜いた）中」を読み，「ちえ」と「わけ」の役割を捉える。
	5	○「中3」を読み，「中1・2」と共通している部分を考えることができる。	・前時の学習を生かして，「中3」の文章の役割を考える。
	6	○「中4」を読み，「中1〜3」までの共通点や相違点を考えることができる。	・これまでの学習を生かして，「中4」の文章の役割を考える。
	7	○「終わり」を読み，文章のまとめとしての役割を捉えることができる。	・「終わり」の文章の役割を考える。
三	8	○「たんぽぽのちえ」の読解を生かした「動植物のひみつカード」を作成する見通しをもつことができる。	・「ちえ」「わけ」「おもったこと」の三つの観点でまとめるなど，作成の条件を捉える。
	9・10	○それぞれが選んだ本を用いて，「動植物のひみつカード」を作成することができる。	・動物や植物のひみつが書かれた本を参考に，カードを作成する。
	11	○「動植物のひみつカード」を交流する。	・お互いのカードを読み，よいところを伝え合う。

54

● 第二次６時の授業展開例

中１～３までの構成を振り返った後，こう問いかけます。

T 実は……中４もあるんだけど読みたい？

C ええー！！　読んでみたい！

T わかった。でも，これまで読んできた中１～３までを思い出して，中４の書き方を予想してみよう。

C きっと今までと同じで，２つの形式段落でできている。

C ２つの形式段落は，「ちえ」と「わけ」の役割になっていると思う。

子どもたちの予想が出たら，中４が書かれた文章を配り，読み進めます。

T どうだった？　予想はあってたかな？

C 今までとは少し違う気がする！

C でも，２つの形式段落には分かれていたね。

C うん。でも，「ちえ」と「わけ」の役割になっているのかな？

T 「ちえ」や「わけ」については書かれていない？

C いや，書かれているとは思うけど，きれいに分かれてはいない。

「ちえ」と「わけ」を区別するために，線を引く。

T じゃあ，どこが「ちえ」で，どこが「わけ」かがわかるように，それぞれに線を引いてみよう。

そうして「ちえ」と「わけ」の部分を話し合い，「天気に応じた変化」という形で中４の「ちえ」をまとめて，本時を終わります。

55

研究授業協議会

ツッコミ 1　世界は分けてもわからない ------------------------------

　わかりやすい言葉を用いてたんぽぽの知恵を説明した素晴らしい教材ではありますが，美しい構造かと言われると……。順序に従った入れ替え不可な事例なので，４つが同じ形式で書かれる必要性は薄く，三段落構成についても典型とは言えず，２年生で扱う指導事項でもありません。何よりも，ぶつ切りに読んできた教材を子どもは美しいと感じるかが疑問です。(シシド)

ツッコミ 2　本文を隠して提示するリスク ------------------------------

　構成に目を向けさせるために本文を抜いて提示する。先生の気持ちはよくわかります。ただ，内容を理解したうえでないと，そのように書かれたよさはわかりません。「中４」の書き方のよさを感じさせるには，これまで通りの書き方で書かれたものを用意し，それと比較したうえで考えた方が有効だと思います。あくまでも考えるべきは「筆者の書き方のよさ」です。(カワイ)

ツッコミ 3　子どもたちが知りたいことは「書き方」なのか？ --------------

　「中４」があると聞いた子どもたちが初めに知りたくなるのは「書き方」なのかな？と思いました。「何が書いてるのかな？」「他にどんな知恵があるのかな？」といった内容の方が知りたくありませんか？　確かに教師の都合だと「文章の役割」に着目させたい気持ちはわかります。しかし，子どもが内容に関心をもって読むことの方が大切なのでは？　(ヤマノ)

改善策・今後の展望

　研究協議を受けて，「筆者の書き方のよさ」に着目できるようにすること。子どもたちが関心をもって読むことができる「内容」を通して，国語として学習すべき事項（構成等）に迫っていくこと。この２点の重要性を再認識することができました。

回答 1　自分で発見する

　2年生で扱う指導事項でないという点はもっともな意見です。しかし，この教材の特性を踏まえ，今後の学習に生かすためにも扱っておくことは悪くないと考えます。また，ぶつ切りにするという点も，これまで学んできたことを「生かす」ために行い，自分で共通点や相違点などを発見できるからこそ，説明文の美しさを感じることに繋がるのではないでしょうか。

回答 2　批判的に捉える目を養う

　「内容を理解したうえでないと，そのように書かれたよさはわからない」という点は，本文を隠して提示するうえで最も配慮するべき事項だと思います。「筆者の書き方のよさ」を議論するためにも，批判的（クリティカル）に捉える目を養っていくことが重要です。筆者の書き方を絶対解とせず，子ども同士で議論するからこそ「よさ」も感じることができます。

回答 3　国語として指導すべきこと

　おっしゃる通り「子どもが関心をもつこと」という視点で見る内容であることは間違いないでしょう。だからと言って内容の読み取りに終始してしまっては，国語の学習としては不十分であると言えます。そのためにも，内容ではなく，構成について「知りたい」「考えたい」と思えるようなしかけをつくっていくことが重要になってきます。

　説明文の構成を捉える力が身につくことで，次の説明文の学習や書くことの学習に生かすことができます。しかし，そこを全面に押し出した単元展開ではなく，内容や筆者の書き方のよさ等から掘り下げていける展開をへと改善していく必要があると感じました。

たんぽぽのちえ③

■ 光村図書・2年上

授業者	宍戸　寛昌
研究授業協議	樋口　綾香・河合　啓志・西尾　勇佑

教材の概要

■ R6光村図書・2年上「じゅんじょに気をつけて読もう」
　（全10時間・5月）

　本教材の段落構成は「追歩型」にあたります。これは頭括型や尾括型と異なり、「中」で示される事例が時間や事柄の順序に従って記述される点に特徴があります。2年生の教材の特徴であるこの型は、たんぽぽの生長を説明するのにうってつけだと言えます。
　東京書籍2年上の「たんぽぽ」と比べると、種を飛ばすまでの知恵に焦点化されて書かれているため、より順序が強調された内容となっています。

教材の系統性マップ

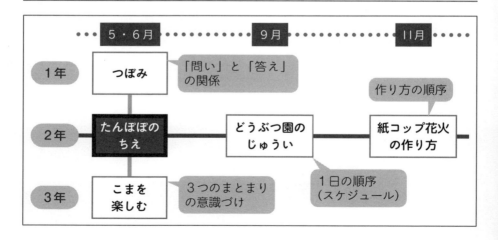

場面構成図

終わり	中				初め
	ちえ4	ちえ3	ちえ2	ちえ1	

初め
① 春になると黄色い花を咲かせるたんぽぽ

中

ちえ1
② ぐったりとたおれる　花の軸
③ 理由　たねを太らせるため

ちえ2
④ 花が枯れた後にできる　白い綿毛
⑤ 理由　ふわふわと飛ばすため

ちえ3
⑥ 起き上がり背を伸ばす花の軸
⑦ 理由　種を遠くに飛ばすため

ちえ4
⑧ 晴れた日に開く綿毛の落下傘
⑨ 曇った日にすぼむ綿毛の落下傘

終わり
⑩ いろいろなちえをはたらかせているたんぽぽ

教材を支える側面情報

　たんぽぽには「ニホンタンポポ（在来種）」と「セイヨウタンポポ（外来種）」の二種類があります。教科書の挿絵に描かれているのは，がくが反り返っていることから「セイヨウタンポポ」であることがわかります。２年生の子どもの見る機会が多い方という理由で選ばれたらしいのですが，選ばれなかったニホンタンポポにも，固有の知恵があることをご存じですか？

　１つ目は，葉を落とす知恵です。ニホンタンポポは春に広げた葉を夏に枯らし，秋にまた出します。たんぽぽは低く広げた形で葉をつける（ロゼット葉）ために，他の植物がぐんぐん伸びて陰をつくる夏には成長しないのです。

　２つ目は，芽を出す時期を分ける知恵です。ニホンタンポポの種子は初夏，秋，次の年の早春と三度に分けて発芽します。夏を避けることで，乾燥して発芽しなかったり，刈りとられたりするリスクを減らしているのです。

　いずれも日本の気候に合った知恵なのですが，繁殖力の強さによるごり押しにより，セイヨウタンポポの方が増えているのが実態なのでしょう。

わたしの教材研究の視点

● この教材の内容面での面白さとは

　たんぽぽと言えば雑草の代表格。雑草について，我々は踏まれても抜かれてもしぶとく生き残る，「強い」植物だと思いがちです。しかし，実は他の植物と同じ場所に生えても生存競争で負けてしまう「弱い」植物なのです。弱いからこそ他の植物とは異なる場所に生え，異なる生態を獲得せざるを得ませんでした。この生存戦略を本教材では「ちえ」と呼んでいるのです。ですから，「たんぽぽのちえ」を読む時には，知恵のすばらしさ，美しさだけではなく，その知恵をもたざるを得なかった，たんぽぽが生長していく厳しい環境を意識させることで，実感を伴った読みにすることができるでしょう。もちろん，２年生の子どもに生存戦略と言ってもぽかんとするだけです。ですから単元の導入時に，たんぽぽを見たことがあるか，どのような場所で見たのかを投げかけて地図で共有したり，読解がひと段落した時にたんぽぽがなぜ他の植物と違う知恵をもっているのか，他の植物には知恵はないのかと問いかけたりするような，日常に繋げる手立てを丁寧に講じていくことが必要となります。このような活動を経た後に「新しいなかまをふやしていくのです。」の一文を読むことで，たんぽぽに対する印象は大きく変わり，「帰り道に生えていた雑草も，きっと知恵をはたらかせて生きているのだな」という思いが沸きあがることでしょう。このような，日常への見方・考え方をも変える力をもった教材であることを意識することが大切です。

● この教材の表現面での面白さとは

　２年生の説明文ならば，事例の順序はどうしても押さえておきたいところ。「たんぽぽのちえ」では時間的な順序に従い，たんぽぽの花が種を飛ばすまでが語られます。しかし，「ちえ」の視点で見ると，２段落ずつ４つの部屋にきちんと分けて語られているのです。この，教材文の最初から最後まで流れる時間を表す「横の軸」と，部屋ごとに違う「ちえ」が語られる「縦の

軸」の２つの視点を可視化することで，本教材のもつ構造的な面白さに気づかせることができます。そこで，長方形のミニホワイトボードを使用する方法を提案します。縦４枚，横６枚，計24枚のボードを黒板に並べて貼ります。縦４枚の内訳は，①挿絵，②時を表す言葉，③〇〇のちえ，④文末表現となります。これら４枚は縁が色分けされている方が好ましいです。横６枚の内訳は，①初め，②中１，③中２，④中３，⑤中４，⑥終わりです。これらのボードをあらかじめ黒板に貼っておき，読んだところから少しずつ書き込んでいくのです。子どもは空白があると埋めたくなるので，毎時間少しずつ完成していくボードを楽しみにすることでしょう。これが「短冊」とは異なるよさです。また，比較する材料が隣り合うことにより，活動の見通しを立てやすくなります。「二，三日たつと」「やがて」と書かれたボードの横に入るのは，時を表す言葉だと予想がつくのです。

● この教材で育むことのできる言葉の力とは

　単元を計画する際には，上記のような教材の特徴を生かした指導によって，「順序立てて説明することのよさ」を感じさせることを目標とします。時間の流れに従って順番を整理して書かれた文章は，読み手になめらかな理解を促します。また，段落の最初に書かれた時を表す言葉からは，段落間の時間の経過がわかります。これらの工夫に気づき，何が，どれぐらいの期間で，どのように変化したのかを自分の言葉で説明できるようになれば，目標は十分達成できたと言えるでしょう。

　また，２年生という発達段階を考えると，挿絵と対応させながら読む，比喩（擬人法）を理解する，対比に気づくといった力も伸ばしていきたいところです。挿絵に描かれているのは本文のどの部分なのか，対応させながら読むことは，３年生以降に行う，資料と照らし合わせながら文章を読む活動に繋がります。「たおれる」「休む」「太らせる」「せのび」といった擬人法は説明文には珍しいですが，内容の理解には大いに役立ちます。手や身体全体を使って実際に動くことで，実感を伴う理解に導きましょう。

教材研究から立てた単元構想

● 単元計画（全10時間）

次	時	目　標	学習活動
一	1	○単元の見通しをもって教材文を読み，内容のあらましを捉えることができる。	• 日常生活でたんぽぽを見かけた場所や，咲いている様子を交流する。 • 教材文を読み，単元の学習課題と学習計画を立てる。
二	2	○教材文を読んだ感想を基に，読解に向かう「問い」を設定することができる。	• 教材文を読み，初発の感想を書く。 •「！」驚いたこと，「？」不思議に思ったこと，「♡」素敵だなと思ったことを視点として話し合う。
	3	○時を表す言葉に着目して，たんぽぽの４つの知恵を見つけることができる。	• 段落の初めにある時を表す言葉を基に，４つの知恵を見つける。 • 見つけた知恵に小見出しをつける。
	4	○挿絵，時を表す言葉，小見出しを書き出し，４つの知恵を詳しく読むことができる。	• ミニホワイトボードを用いて，各段落の要素を抜き出す。 • 動作化でたんぽぽの変化を確かめる。
	5	○文末表現に気をつけて，知恵の説明と理由の説明が繰り返されていることに気づくことができる。	• 知恵を説明する２つの段落の役割を確かめる。 • ４つ目の知恵の書き方に気づく。
	6	○「初め」と「終わり」の段落の役割について知ることができる。	•「初め」と「終わり」の段落の働きを知る。 • たんぽぽには，なぜ知恵が必要なのかを話し合う。
三	7〜9	○順序を表す言葉を使いながら，他教科の学びや日常生活の出来事をわかりやすく説明することができる。	• 学校へ行く前の準備の順序や，給食の配膳の順序などを，わかりやすく話したり書いたりする。
四	10	○身につけた力を確かめながら，これまでの単元の学びを振り返ることができる。	• 順序立てて説明するよさについて気づいたことを話し合う。 • 学んだことを今後どのように生かせるか，意見をまとめる。

● 第二次4時の授業展開例

　黒板に縦4段，横6列で24枚のミニホワイトボードが貼ってあります。I段目には挿絵が，2段目には時を表す言葉が，それぞれ書かれています。本時では4つの事例を読み，それぞれ「○○のちえ」という小見出しにまとめ3段目に書き込んでいく学びが主となります。I つ目のまとまりを「じくのちえ」，2つ目のまとまりを「わた毛のちえ」と書いた後，次のように投げかけます。

T 　3つ目のまとまりは，「何のちえ」という小見出しをつけたらよいでしょうか。

C 　たんぽぽの軸のことが書いてあるから「じくのちえ」がいいです。

C 　えっ，でもそれじゃI つ目のまとまりと同じ小見出しになるよ。

C 　うーん，I つ目は「太らせる」で3つ目は「せのび」でどう？

C 　太らせるのは種だから，軸のことがわかる小見出しの方がいいよ。

C 　そうだね。それに違いがはっきりした方がいいから，反対の言葉にするといいんじゃない？

C 　それなら I つ目が「じくをたおすちえ」，3つ目が「じくをおこすちえ」でどうかな？

C 　そうなると2つ目も「わたげのちえ」じゃだめだね。次の4つ目と同じになっちゃう。

　ミニホワイトボードが並べられることで，子どもは意識的に比較の思考を働かせ，あてはまる言葉を探し始めました。そして，空白のミニホワイトボードには何が書かれるかを類推していったのです。

　4つの小見出しが埋まってから，花が咲いた後にたんぽぽの軸がどのように変化していくかを，腕を軸に見立てて動作化させます。すぼめた手を種に見立て，子どもたちはたんぽぽになりきっていました。

63

研究授業協議会

ツッコミ 1 知恵の相違点から共通点へ ------------------------

　4つの知恵を単独で観るのではなく，整理して並べて観るからこそ，その違いを表そうとするのですね。確かに違いを意識して見出しをつけることで花の軸や綿毛の賢さが明確になります。しかし，違いだけで終わっていいのでしょうか。この4つの知恵は，すべて仲間を増やすことに繋がっているという共通点を見つけだすことが大事だと思うのです。(ヒグチ)

ツッコミ 2 「ちえ」という言葉はどこで扱うのか ------------------------

　3時間目は，時間の経過で4つのまとまりに分類しており，子どもたちは「ちえ」という視点での分類はしていません。そして，本時では「○○のちえ」という言葉を教師から投げかけます。子どもたちはいつ「ちえ」という言葉の意味を理解し，その視点で文を読むのでしょうか。たんぽぽの行動と「ちえ」という言葉の繋がりを豊かにすることが大切です。(カワイ)

ツッコミ 3 4つの知恵に分けられる？ ------------------------

　前時の目標に「時を表す言葉に着目して，たんぽぽの4つの知恵を見つけることができる。」とあるのですが，4つ目の知恵の時を表す言葉は，「よく晴れて，風のある日には」でしょうか？　そこに着目して4つに分けようとすると，次の形式段落にある「しめり気の多い日や，雨ふりの日には」も入れて5つの知恵に分ける子どもが出てこないでしょうか。(ニシオ)

改善策・今後の展望

　先生方からのご意見をいただいたことで，あらためてこの教材がよくできていることに気づきました。4つの「ちえ」が時系列順に並べられているだけでなく，説明の難易度も徐々に上がっている点。特に4つ目の「ちえ」の事例が並列で，場合分けされている点に気づけたのは大きな成果で

回答1 対比と類比は計画的に

　もちろんその通りです。似ているものを比べると違いが気になり，違うものを比べると類似が気になるのが人。その比較する視点をクローズアップするうえで有効なのが，ここで示した24枚のミニホワイトボードなのです。とはいえ，段落ごとの内容を捉える読解の中盤は相違点を，全体を俯瞰して捉える後半は共通点を，ねらいに応じて視点を変えると効果的ですね。

回答2 並列の事例に気づかせる

　いいですねえ。「風のある日」「雨ふりの日」という時を表す言葉に気づけた子どもはしっかりと評価しましょう。お話のまとまりという意味では，5つでも構わないのです。しかし，「ちえ」で分けると4つ目が「晴れた日に綿毛を開くちえ」，5つ目に「曇った日に綿毛をすぼませるちえ」となるため，この2つがワンセットの事例だと気づくことができるはずです。

回答3 「ちえ」には2つの意味がある

　題名にもある「ちえ」ですが，1時目の題名読みや，3時目の4つの知恵へのネーミングで意識づけをしています。ただし，子どもが本当の意味でたんぽぽの行動と「ちえ」を関連づけて考えられるのは，6時目の段落の役割を知った後でしょう。擬人化や順序立てなどの工夫をしながら「たんぽぽのちえ」を説明する筆者の「ちえ」に気づいた時，納得が生まれるはずです。

す。また，「ちえ」と「ちえ」をどのような視点で比較させるのか，単元のどの段階で行動と「ちえ」を繋げさせるのかというのは，授業づくりで欠くことのできない要素であると考えます。これらの要素を生かせば，さらに解像度の高い授業を構想できそうです。

モチモチの木

📖 光村図書・3年下

|授業者| 宍戸 寛昌
|研究授業協議| 河合 啓志・樋口 綾香・星野 克行

教材の概要

📖 R6光村図書・3年下「登場人物について考えたことを，つたえ合おう」（全12時間・3月）

📖 R6東京書籍・3年下「想ぞうしたことをつたえ合おう」（全9時間・11月）

📖 R6教育出版・3年下「登場人物のせいかくを考えながら読もう」（全8時間・11月）

　作中時間に合わせて11月配当が多いです。また，「話し合おう」「つたえ合おう」と読解後に表現型の言語活動を設定する場合は10時間以上になります。

教材の系統性マップ

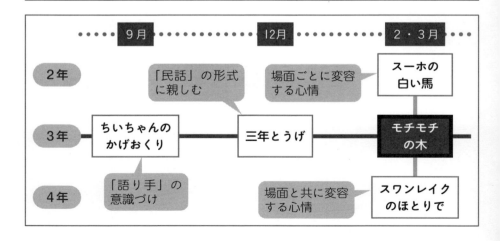

場面構成図

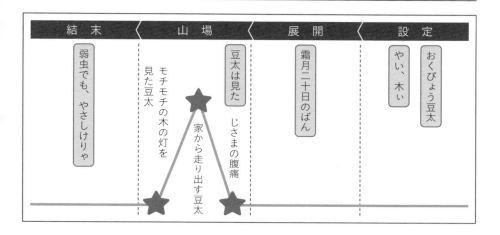

教材を支える側面情報

　本作のプロットが，滝平二郎さんが描いた大木と少年の絵に大いに触発されたものであることはよく知られています。そういった意味では，レオ＝レオニのように物語と挿絵が同一作者の作品ほどではなくても，挿絵が与える情報が読解を補う割合は高いと言えるでしょう。そういえば，1971年の初版本では，豆太が泣き泣き坂を下る場面で出ていたのは三日月でした。しかし，「丑三つ時に三日月が上るのはおかしい」という指摘を受け，改訂版では二十日の月に変更されました。確かに，三日月ではモチモチの木を照らすだけの光量が足りないかもしれませんね。反対に，文章だけで木のイメージをもった子どもが，色とりどりの挿絵を見て違和感を覚えることもあります。確かに，月と雪と星だけで赤や青の光が見えるとは考えられませんが，それは医者様と同じ科学的な視点であることに気づかせていきましょう。このように，挿絵に対してもクリティカルな視点から読む学びが期待できる作品でもあります。

わたしの教材研究の視点

● この教材の内容面での面白さとは

この物語は読者に「本当の勇気」とは何かを考えさせます。じさまは本文中で「勇気」という言葉を２回使っています。「（モチモチの木にともる灯を見ることができるのは）勇気のある子どもだけだ」「おまえは，一人で，夜道を医者様よびに行けるほど，勇気のある子どもだったんだからな」じさまの論に則れば，優しさが備わっている者は，勇気ある行動をとることができることになります。それでも最後の場面で，豆太自身はその論に納得していないようにも読めます。無我夢中であったがゆえに，自分が勇気を出したという実感がもてなかったためでしょう。

では，豆太側に寄り添うであろう３年生の読者の胸にもすとんと落ちる，勇気の定義とはどのようなものでしょうか。豆太は腹痛を訴えるじさまを助けたいと願う優しさをもっていました。しかし，助けを求めるために真っ暗な夜道を２キロもあるふもとの村まで走るだけの強さはもち合わせていません。助けたいけれど自分には無理という状況，その「思い」と「力」の差を埋めたものが勇気と言えるでしょう。豆太は，自分が見たいという理由だけでは，勇気を出せなかったのです。ここから，人はいざという時に（緊急性），大切な人のためならば（利他性），普段は出せない力を出せるのだという作品の心が見えてきます。この見方は，普段の生活から，自分には勇気がないと思い込んでいる子どもにもほんの少し自信を与えてくれるはずです。

● この教材の表現面での面白さとは

この作品の構造は，名づけるならば「弱者の一撃（バンプ・オブ・チキン）」となります。日常生活では臆病で弱虫な豆太が，特定の条件下でのみ英雄的な活躍をします。似たようなモチーフで描かれる物語は，枚挙にいとまがありません。これらの物語が我々の心を鷲づかみにする理由の１つに，ギャップの働きがあります。普段の情けない姿が描かれれば描かれるほど，

事件解決時の姿と差が大きくなるため，ジェットコースターの急降下と同じように読み手のカタルシスが増すのです。2つ目は，健気さの演出です。頑張る豆太の原動力が，じさまに対する愛情だからこそ，読み手は応援したくなります。よい動機にはよい結果を期待するのですね。人物設定の妙が，霜月二十日の丑三つ時という幻想的な場面設定と相まって，豆太の必死の活躍を際立たせるからこそ，長く愛される物語として成立しているのでしょう。

　もう1つ挙げるとすれば，「ずれた対立関係」でしょうか。じさまと医者様，医者様と豆太，じさまと豆太では，それぞれモチモチの木への捉えが少しずつ違います。さらに言うならば，語り手とじさまにも，豆太に対する見方にずれがあります。このような，各人物の見方が少しずつずれていながらも，ぶつかり合わない対立関係の設定が，実際にはシリアスな状況を語っているにもかかわらず，作品全体を柔らかい雰囲気にしているのでしょう。

● この教材で育むことのできる言葉の力とは

　この教材で子どもに身につけてほしいのは「語り手」に対する視点です。小さな頃から絵本の読み聞かせをしてもらってきたことで，「地の文」で人物の心情が語られることを当たり前だと感じる子どもがほとんどです。そして，地の文を語るのは無色透明で中立な何かであり，その存在を意識することもなかったでしょう。そんな3年生の子どもにとって「全く，豆太ほどおくびょうなやつはない。」から始まるこの物語は，初めて語り手に人格を感じる機会となります。最初は豆太の駄目さ加減をこき下ろす語り手が，時には同情的な視線を送り，時にはじさまの心情を慮り，次第に豆太に寄り添いながら物語を紡いでいくことで生まれる面白さを，ぜひ子どもに言語化させたいものです。

　語り手を意識することで，これまで読んできた物語にも新たな面白さが見えてきます。例えば，3年生の「ちいちゃんのかげおくり」（光村図書）で，「ちいちゃん」の呼称を山場の最後に「小さな女の子」と変えた語り手の思いとは一体どのようなものだったのか考えてみるもの面白いでしょう。

教材研究から立てた単元構想

● 単元計画（全12時間）

次	時	目　標	学習活動
一	1	○物語と出合い，単元の学習の見通しをもつことができる。	・最初と最後の豆太の様子を比較し，「豆太は変わったのか」という読みの視点をもつ。
二	2・3	○「おくびょう豆太」「やい，木ぃ」の場面を読み，人物・舞台設定を明らかにすることができる。	・じさまと豆太の生活，それぞれの人物像についてまとめる。 ・語り手の存在を確かめる。
	4	○「霜月二十日のばん」の場面を読み，日常との違いや事件の条件づけを捉えることができる。	・霜月二十日の晩がいかに特別な時間なのかを条件づけて読み取る。 ・豆太とじさまの思いをまとめる。
	5	○「豆太は見た」の場面を読み，事件の起・転・結の状況と，人物の心情を読みとることができる。	・苦しむじさまを見て飛び出すまでの豆太の心情を読みとる。 ・木の見え方の違いを捉える。
	6	○「弱虫でも，やさしけりゃ」の場面を読み，じさまの語る「勇気」が豆太にあるか考えることができる。	・「やさしさ」と「勇気」と「強さ」の関係性についてまとめる。 ・豆太の変容について話し合う。
	7	○物語全体を通して，語り手がどのような働きを担っていたのかをまとめることができる。	・毎時間の終わりに書いてきた，語り手から見た豆太への一言をまとめて，「豆太紹介カード」を作る。
三	8	○「モチモチの木」の読解を生かした「人物紹介カード」を作成する見通しをもつことができる。	・語り手の目線で書くこと，主人公のよいところが伝わるように書くことなどの条件を捉える。
	9・10	○それぞれが選んだ本を用いて，「人物紹介カード」を作成することができる。	・「いつもの様子」「特別な時の様子」「変わったきっかけ」の3つの観点に分けてカードにまとめる。
	11・12	○互いの「人物紹介カード」を交流し，読みの深まりや単元での成長を振り返ることができる。	・互いのカードを読み合い，称賛のコメントを書く。 ・単元を振り返り，感想をまとめる。

70

● 第二次5時の授業展開例

　黒板の右側に「じさまは〜ますますすごくうなるだけだ。」左側に「医者様をよばなくっちゃ。」と書き，その間に豆太の頭の中を模した大きな円を描いた後，こう語りかけます。

T この瞬間，きっと豆太は頭の中でたくさんのことを考えているよね。その中で一番強く考えたこととは何でしょう？

C うなっているから「じさまが死んじゃう，どうしよう」が一番だよ。

C そうだね。そして，「じさまを助けなきゃ」って考えたんだと思う。

C でも，臆病豆太だよ。「僕には無理だ」が強かったんじゃないかなあ。

C 「どうしよう，どうしよう」で頭が止まっちゃってたのかも。

　それぞれが想像した豆太の内面がどんどん出てくるでしょうが，聞いているだけでは授業が前に進みません。板書した円の中に，対比を示す矢印（↔）を書き込み，次のように問います。

T みんなから出てきた「外に出て助けを呼びたい」と「怖くて外に出られない」はどちらも同じぐらい強くて，反対の考えだね。豆太はどうしてこの2つから医者様を呼ぶ方を選んだのだろう？

C 豆太はきっと「行かなきゃ」「怖い」「行かなきゃ」「怖い」って頭の中でぐるぐるぐるぐる2つの考えが回ったんだよ。すごく短い時間で。そしたらプシューッて頭がパンクしちゃった。

C うん，うん。そして最後に残ったのが「じさま死んじゃやだー！」だったから，飛び出したんじゃないかな。他のことは考えられなかったよ。

　そうして，豆太が峠の下り道を駆け降りる様子を読んだ後，葛藤の末に飛び出した豆太の内面を語り手の視点からまとめて本時は終わります。

研究授業協議会

ツッコミ 1 5歳の豆太にそこまで考えられたかな？

心と力の差を埋めるのが勇気という説明は，構造としてはわかりやすいけれど，この物語にはあてはまらないのでは？　あの時の豆太は無我夢中の状況なのだから，葛藤とか迷いとかそんな心の動きはなく，あくまで瞬間判断だったはずです。ある一夜の5歳の子どもの大冒険に，細かい心情分析は必要ないと思うのですが，いかがでしょう。(カワイ)

ツッコミ 2 「語り手」の指導はこの後も継続？

確かにこの物語は書き出しから語り手の個性が出まくりですよね。だから語り手の存在を教えるのに最適だという意見には賛成です。でも，これって他の作品を読む時に役立つでしょうか。人称や視点を指導しようとすると，途端に難しくなりそうな気がするのですが。(ヒグチ)

ツッコミ 3 本時の板書はどうなるの？

本時では葛藤する豆太の内面を，双方向の矢印を使ってまとめるとありますが，具体的にどう板書するのか知りたいです。わたしだったら「Yチャート」を使って，右に豆太が行きたくない理由，左に豆太が行けない理由を書きます。そこから導き出された結論を上に書けば，うまく整理できるので子どももわかりやすいのではないでしょうか。(ホシノ)

改善策・今後の展望

ご意見をいただいて，わたしは豆太の瞬間判断をストップモーションのように時間を止めて検討したいという意図が強かったことがわかりました。もう一度「5歳」「夜中」という条件から見直して，小学3年生でも納得できる心情理解の方法を考えてみようと思います。

回答 1 内面を想像することに意味がある

　確かに，「葛藤」と言うほどのやりとりが心の中で起きていたとは思いませんが，「どうしよう，どうしよう」と迷う瞬間はあったはずです。または暗闇への怖さとじさまを失う怖さがメーターのように上下する時間が。何と何の間で揺れ動いているのかという，この瞬間の豆太の心情を深掘りさせることで，じさまに対する愛情や発揮された勇気への理解が深まるはずです。

回答 2 語り手も作者が創造した人物だという気づきで十分

　ここまで存在感のある語り手は，他の斎藤隆介作品でもあまり見ません。ですから，あくまで「モチモチの木」の面白さの理由の1つとして扱い，語り手指導まで広げることはないと思います。4年で「ごんぎつね」，5年で「大造じいさんとガン」を読む時に想起させると効果的ですよね。

回答 3 左右対比型のマトリクスが効果的

　思考ツールは適時適所に使えば効果的だとは思いますが，ここでY字チャートは悪手ではないかと。わたしの教材解釈では，豆太が悩んだのはほんの一瞬「外は怖い」「でも行かなきゃじさまが」だけなのです。となると，一瞬の葛藤の後に飛び出した豆太の必死さが見えるのは，左右対比型のマトリクスではないでしょうか。Y字チャートだと安定感が出ますからね。

　「語り手」と「人称」「視点」の関係についてもまだまだ検討不足でした。初めて語り手を意識することになる子どもに，これは誰なのだろうと問いかけても面白いかもしれませんね。じさまの心の中だったり，死んだ父親が見守っていたりと，あたたかい視線の理由にも気づけるかもしれません。

自然のかくし絵

■ 東京書籍・3年上

授業者　竹澤　健人
研究授業協議　宍戸　寛昌・星野　克行・佐藤　司

教材の概要

- R6東京書籍・3年上「読んで考えたことをつたえ合おう」（全8時間・5月）
- R2東京書籍・3年上「文章を読んで感想を伝え合おう」（全10時間・5月）
- H27東京書籍・3年上「文章を読んで感想を伝え合おう」（全7時間・5月）

　本教材は、3年生になって初めて学習する説明文です。段落ごとに昆虫の身の隠し方がまとめられています。段落ごとの大切な言葉に気をつけながら読み、文章の全体を捉えていくことが重要です。

教材の系統性マップ

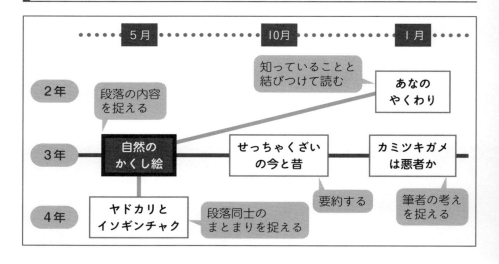

場面構成図

結論	本論 ②				本論 ①				序論	
12	11	10	9	8	7	6	5	4	3	2	1
筆者の主張	保護色で身を隠せない時	保護色で身を隠せる時	鳥やトカゲの色を見分ける力	問② どんな時でも身を守れるのか	まとめ	事例 ゴマダラチョウの幼虫	事例 トノサマバッタ	事例 コノハチョウ	問① 保護色でどのように身を隠すのか	保護色の説明	話題

教材を支える側面情報

　教材を支える側面情報として重要なのは，教科書に掲載されている写真です。昆虫たちの天敵の目が捉えている映像に近い写真が選ばれています。

　昆虫たちの天敵である鳥やトカゲは，人間と同じ可視光線を捉えていると言われています。つまり，わたしたちが肉眼で捉えている映像と似たようなものが，彼らの目にも映っているということです。そこで，筆者の矢島稔さんは，できるだけ肉眼で捉えられている映像に近づけるために，撮影でストロボを使っていません。光を反射させてしまったり，影をつくってしまったりすることを防ぐことができるからです。

　子どもたちは，このような写真を見て，教師が指示をしなくても写真の中から昆虫を探し出そうとします。写真は，子どもたちが気づかないうちに鳥やトカゲと同じ世界に入り込むしかけになっているのです。「あ，見つけた！」「え，どこどこ？」という声が，すぐに聞こえてきます。筆者の写真に対するこだわりがあるからこそ見られる子どもたちの姿であると言えます。

わたしの教材研究の視点

● この教材の内容面での面白さとは

１つ目は，保護色をもつ昆虫の身の隠し方です。例えば，コノハチョウは枯葉になりきって，身を隠します。緑色のトノサマバッタは緑色の草むらに，褐色のトノサマバッタは枯草や落ち葉に身を隠します。ゴマダラチョウの幼虫は，葉の色が緑から黄色に変わったら，自分の体の色も同じように変化させて身を隠します。このような身の隠し方が異なる保護色をもつ昆虫は，子どもたちの好奇心をくすぐります。１学期は，理科の授業で昆虫について学習したり，遠足に出かけたりする時期でもあります。この教材は，そのような機会で出会う生き物への見方を広げるきっかけになるはずです。

２つ目は，鳥やトカゲから見えている世界を人間と重ねているところです。子どもたちは「自然のかくし絵」を読むことで，鳥やトカゲなどが色を見分ける力は，人間と同じくらいであることを知ります。そこで，自分が見えているように，鳥やトカゲにも自然の中に隠れている昆虫が見えているということを理解するわけです。「自然のかくし絵」に選ばれている写真が，自分の見えている世界と他の生き物から見えている世界を比べるきっかけになります。

● この教材の表現面での面白さとは

問いの文章が２つあることです。子どもたちが３年生になるまでに学習してきた説明文の問いの文章は，いずれも１つずつです。子どもたちは「自然のかくし絵」で初めて，問いが２つある説明文に出合うことになります。

問いの文章に対する答えを読むことで，保護色を使った身の隠し方と，それが役に立たない時について知ることができます。それらを読み取ることができているかどうかは，筆者の主張を捉えるうえで重要です。筆者は保護色は昆虫が生き続けるのに役立っていることだけでなく，それが完全ではないことも主張しているからです。問いの文章の数は，「自然のかくし絵」の表

現面での面白さであるだけでなく，筆者の主張を捉えるためのカギであるとも言えます。

● この教材で育むことのできる言葉の力とは

　問いの文章と答えの文章の関係に着目する力が育めます。それぞれの問いの文章に対する答えの文章は，どこからどこまでなのかを区別して読むことが大切な教材になります。

　これまで子どもが教科書で出合ってきた教材は，問いの文章が１つでした。したがって，どこからどこまでが答えの文章なのかを厳密に考えずに済みました。しかし，問いの文章が２つになると，そうはいきません。どこからどこまでが，それぞれの問いの文章に対する答えなのかを分けて考えなければ，筆者の主張を捉えることができないからです。文章の構造を段落で捉えることで，問いと答えの関係性をつかみ，筆者の主張を捉えることが大切です。

　また，それぞれの問いと答えを明らかにすることで，筆者が問いを２つ書いた意図に迫ることができます。保護色が役立つ場面を伝えたいだけであれば，問いは１つで十分です。役立たない場合を伝えたいだけの場合も同様です。その両方を伝えたいからこそ，筆者は問いを２つ設定しています。

　「自然のかくし絵」の表現面での面白さがあるからこそ，このような問いの文章と答えの文章の関係に着目する力を３年生から育むことができます。

77

教材研究から立てた単元構想

● 単元計画（全6時間）

次	時	目　標	学習活動
一	1	○説明文と出合い，内容と筆者の書き方について思ったことを書くことができる。	• 様々なかくし絵にふれ，その意味について知る。 • 範読を聞いたり，音読したりする。 • 内容と筆者の書き方について思ったことを書く。
二	2	○保護色をもつ昆虫の身の隠し方について，自分の考えをまとめることができる。	• 「かくし絵」は保護色をもつ昆虫のことであることを確認する。 • 事例は，コノハチョウ，トノサマバッタ，ゴマダラチョウの幼虫の3つであることを確認する。 • すごいと思った昆虫の保護色を1つ選び，その理由を書く。 • 書いたことを共有する。
	3	○保護色をもつ昆虫が敵に見つかってしまう理由を説明することができる。	• 「かくし絵」を見破るのは，鳥やトカゲなどの敵であることを確認する。 • 保護色をもつ昆虫が敵に見つかってしまう理由を確認する。
	4・5	○筆者の主張を捉え，自分の言葉でまとめることができる。	• 筆者の主張を捉える。 • 筆者の主張を自分の言葉でまとめる。 • 書いたことを共有する。
	6	○「自然のかくし絵」の内容についての感想や，学んだことについての振り返りを書くことができる。	• 感想や振り返りを書く。 • 書いたことを共有する。

● 第二次4・5時の授業展開例

T 筆者は，保護色が役に立たない時について書くのは嫌じゃなかったのかな。
書かなければ「保護色ってすごい」とだけ思ってもらえるのに。

C いいことばかり書きたくないから嫌じゃない。

C 嫌だけど，本当のことを知ってほしい。

C 最後の段落の「ほご色は，自然のかくし絵だということができるでしょう」
が言いたいことだから，嫌とか嫌じゃないとか関係ない。

T 伝えたいことは，すごさだけではないんですね。

　1時間目に，子どもたちが説明文の内容や筆者の書き方についての感想を
書くと，ほとんどの子どもが「保護色のすごさ」のことばかりについて書き
ます。これは，筆者の主張が半分しか子どもに届いていないということです。
子どもたちの初読に寄り添いつつ，筆者の主張とそれを支える具体例の関係
性に気づけるようにしたいです。

T つまり，筆者は保護色の何と何について説明しているのですか。
「保護色の□□□□と□□□□」とノートに書きましょう。

C すごさと弱点。

C 身の隠し方と見つかり方。

C 種類と天敵。

C 役立つ時と役立たない時。

　ここでは，それぞれのまとめの言葉を共有し，共感したり批判的に考えた
りできるような時間にします。その後，初読の感想を読み返し，筆者の書き
方に着目した振り返りを書く時間を設けます。単元の最初に比べて，筆者の
主張や文章全体の内容にふれた振り返りになることを望みます。

研究授業協議会

ツッコミ 1 筆者の真摯な姿勢に気づかせるには

この教材を読むうえで，保護色が役に立つ場合と立たない場合の両方を扱うことは必須です。しかし，「保護色の□□と□□」のように１：１で捉えさせない方がよいでしょう。「どんな場合でもやく立つとはかぎりませんが」とあるように，基本的には役立つものだが例外もあるというスタンスにしないと，昆虫学者らしい客観的な視点への気づきに繋がりません。(シシド)

ツッコミ 2 書かれ方の工夫から，構成・題名の工夫へ着目

「保護色の何と何について説明しているのか」について考える活動をした後に，「どうして矢島さんは『ほご色のかくし絵』ではなく，『しぜんのかくし絵』という題名にしたのか」について考える活動を入れると，自然のすごさやかくし絵のように見える面白さが見えてくると考えます。教科書の最後にあるモズ（食べる側）の挿絵も活用したらいかがでしょうか？(ホシノ)

ツッコミ 3 冒頭に戻って筆者の立場を再考する

展開例にある問いは，限定的ですが，わたしはシンプルでわかりやすい問いだと思いました。しかし，これだけでは不十分です。「例外もある」という筆者のスタンスは，冒頭の表現にも表れているというところまで気づかせたいです。「見うしないます」ではなく「見うしなうことがあります」，「見分けられない」ではなく「見分けにくい」と，表現されています。(サトウ)

改善策・今後の展望

先生方にいただいたご意見からの気づきは，説明文全体の書きぶりに迫るために発問を設定することの重要性です。次回は，題名や冒頭などにも着目し，筆者が真摯に文章を書いていることと，そのよさを子どもたちが気づけるようにしたいです。細部を明確にするだけの実りの乏しい授業と

回答1 教師の扱い方が与える子どもへの影響

わたしの発問と展開のままでは，子どもたちが筆者の主張をずれた状態でつかんでしまうことになると思いました。あくまで，保護色の効果の方が柱となる内容です。保護色の効果と弱点は，それぞれ並列関係にあるとは言えません。１：１で捉えさせるのではなく，筆者のような真摯な書きぶりに気づかせたいです。

回答2 教科書の変化からわかること

教科書が改訂され，モズの挿絵が増えました。よって，子どもたちは保護色をもつ昆虫だけでなく，天敵である動物も挿絵から視覚的に捉えることができます。両者の関係性を文章や挿絵から捉えながら，構成・題名について考えることを通して，さらに「自然のかくし絵」の内容や書きぶりに迫ることができると思いました。

回答3 筆者の一貫した書きぶりへの気づき

何のために閉じた発問にするのか。このことについて考えさせられました。事例の挙げ方だけではなく，筆者の首尾一貫した説明文の書きぶりに迫れてこそ意味がある発問だと思います。細部を読むことで，全体がより鮮明に読めてくるような授業計画が練られるようにすることが，今のわたしに必須であることを痛感しました。

は，別れを告げなければなりません。今のわたしは，「これを考えることで，子どもたちは何を学べるのか」「現時点での授業計画で，子どもたちは本当にそれを学べるのだろうか」ということを絶えず問い続ける必要があると感じています。

白いぼうし

📖 光村図書・4年上

授業者	星野 克行
研究授業協議	樋口 綾香・宍戸 寛昌・山埜 善昭

教材の概要

- R6光村図書・4年上「ふしぎな出来事をとらえて読み，考えたことを話そう」（全7時間・4月）
- R6教育出版・4年上「物語の『ふしぎ』について考えよう」（全10時間・5月）

　近年は，4年生で最初に出合う物語教材として配当されています。春と夏を感じさせるものが多数登場しますが，作中時間は春と夏の狭間の6月です。どちらの教科書でも物語に出てくる「ふしぎ」に着目して，書かれていることから自分が考えたことを伝え合う学習活動を設定しています。

教材の系統性マップ

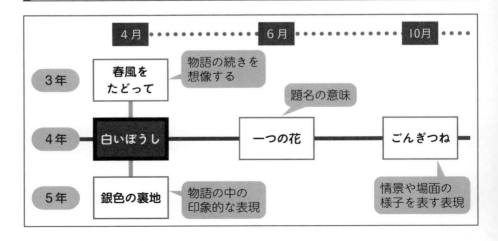

場面構成図

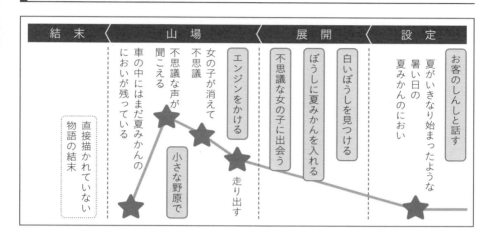

教材を支える側面情報

　『車のいろは空のいろ』(ポプラ社) シリーズの代表作となる「白いぼうし」の物語が初めて世に出たのは1967年。当時の日本は高度成長期と呼ばれ、やっと一般家庭にもクーラーやマイカーが入るようになりました。ただし、自動車には冷房機能はなく、車の中が暑ければ窓を開ける時代でした。

　物語の作中季節は春と夏の間の6月。夏がいきなり始まったような暑い日です。「白いワイシャツのそでを、うでまでたくし上げていました。」という言葉からタクシー運転手の松井さんも暑いと感じていたことがわかります。冷房機能のない車にいるお客さんに、少しでも涼しいと感じてほしい運転手さんは、どうするでしょうか？　そう、車の窓を開けておくでしょう。不思議な女の子は、車の中にどうやって入ったの？　もし、女の子がもんしろちょうだとしたら、勝手に車から出られるはずがない。子どもたちの議論の中でそんな話題が出てきたとしたら、指導者として知っておいてください。車の窓は開いていたと。伝えるか伝えないかはお任せいたします。

わたしの教材研究の視点

● この教材の内容面での面白さとは

　この物語の面白さの中核となるのは，中心人物の松井さんの情にあふれた優しい人柄だと考えます。もぎたての夏みかんを速達で送ってくれた自分の母親に対して，「においまでわたしにとどけたかったのでしょう。」と想像したり，自分が逃がしたもんしろちょうのことで，ため息をついて「この子は，どんなにがっかりするだろう。」と，自分もがっかりしたりする様子が見られます。自分のしてしまったことでがっかりしてしまうのはわかりますが，おまわりさんが不審に思うほどがっかりするとは，この時の松井さんは一体どんな表情や仕草をしていたのでしょうか？　そして，何を思ってがっかりしていたのでしょうか？　松井さんはあなたが思っているような普通の人ではありません。あなたが思っている以上に優しいのです。そんな優しい松井さんだからこそ，白いぼうしの中に夏みかんを入れてあげられる松井さんだからこそ，不思議の世界は開かれたのです。

　他人の気持ちを自分の気持ちとして感じることができる力，この情緒力の高さも踏まえながら松井さんの様子を子どもたちと共に再現してみましょう。きっと子どもたちは松井さんの優しい心に自分の心を寄せて同化していくことでしょう。そして，そうすることで，物語後半の不思議な女の子や情景から，何を思い，どう感じたのか，直接描かれていない松井さんの気持ちを理解して表現することができるでしょう。

● この教材の表現面での面白さとは

　松井さんが不思議な人物と出会い，不思議な世界に入り込んでしまうファンタジー作品でありながら，伏線がたくさんあるのにもかかわらず「女の子＝もんしろちょう」だとはっきりと描かないところがこの物語の表現面の面白さだと考えます。はっきりと描いていないので，子どもたちの中には人間がもんしろちょうに化けるはずはないという意見もあるでしょう。

しかし，この物語最後の情景について，不思議さを感じない子どもはきっといないでしょう。木は森の中に隠されているのです。だからこそ，木のすばらしさだけでなく，その森のすばらしさについて感じることができるよさがあるのではないでしょうか。「よかったね。」と言っていたのは，本当に「白いちょう」だけなのでしょうか。もしかしたら，「もんしろちょう」と同じように，春を表す「たんぽぽ」や「クローバー」も言っていたかも知れませんよ。では，「よかったよ。」と言えるのは誰でしょうか？　どうして「よかった」のでしょうか？

　「女の子＝もんしろちょう」だとすぐに断定しないことで，聞こえてくる小さな声が，下から上へと立体的に聞こえてくるようになります。そして，夏を表す「夏みかん」のにおいが残っている間は，きっとこの世界は続くでしょう。はっきりと結末を描かないところも面白さだと考えます。

● この教材で育むことのできる言葉の力とは

　「直接描かれていないこと」を「描かれていること」を基に想像する力です。それを育むための活動例として，以下に３つ挙げます。

　まず，松井さんの「ため息をついている」行動描写を基に，想像する活動です。おまわりさんの行動描写から松井さんの常人離れした落胆の度合いを浮き彫りにすることで，そこからこの時の松井さんの様子や心情を豊かに想像することができます。そして，何を思いついて夏みかんを白いぼうしに入れたのか，その心情を考えさせていきましょう。

　次に，小さな野原の情景描写を基に，誰が小さな小さな声を出したのか想像する活動です。この場面に見えているものから，言ってもおかしくないものを見つけながら，何が「よかった」のか，どのように聞こえてきたのか，考えさせていきましょう。

　そして，物語を基にその続きを想像する活動です。夏みかんのにおいが残っている間に，どんな不思議な世界が松井さんの元に現れたのか，子どもたちそれぞれが想像した世界を表現させていきましょう。

教材研究から立てた単元構想

● 単元計画（全7時間）

次	時	目　　標	学習活動
一	1	○物語と出合い，単元の学習の見通しをもつことができる。	• 教師の範読からどんな物語だと感じたのか，読後感について交流する。
	2	○挿絵の順番と必要性について話し合い，物語の大体を捉えることができる。	• 挿絵の順番から物語の流れを確認する。 • それぞれの場面に書かれていることを確認する。
二	3	○物語に出てくる不思議な出来事について話し合い，自分の考えをもつことができる。	• 不思議な女の子について，書かれていることを確認する。 • 女の子がちょうだと考える理由とちょうではないと考える理由から，自分の考えをまとめる。
	4	○松井さんの優しさについて，自分の考えをもつことができる。	• 書かれていることを基に松井さんの優しい行動を確認する。 • どうしてため息をついたのか，何を思いついて夏みかんを入れたのか想像する。
	5	○小さな野原の情景を基に，不思議な世界を想像することができる。	• 見えているものから，声の主として可能なものを話し合う。 • 物語の続きについて話し合う。
三	6	○物語の続きを想像して，自分の想像した不思議な世界の続きを書くことができる。	• 「車の中からは，いつの間にか夏みかんのにおいが消えていました。」の文が本当の結びの一文だとしたら，物語はどんな続きになるのか想像して書く。
	7	○友達の書いた物語の続きを読み，一人一人の感じ方に違いがあることに気づくことができる。	• 友達が書いた物語を読んで感じたことを伝え合い，学習を終えた感想を交流する。

● 第二次５時の授業展開例

　消えてしまった女の子を見つけようと窓の外を見たのに，この場面に人が出てこないことや声の主は小さな小さな声であることから，人ではない何かが声の主ではないかと問題提起してから，子どもたちに問います。

T じゃあ，松井さんには，人の代わりに窓の外に何が見えたのかな。
　　書かれていることから探してみよう。

C 団地，野原，白いちょう，クローバー，たんぽぽ。

T 野原の情景からたくさんのものを見つけたね。じゃあ，この中から，人以外に「よかったね。」って言えそうなものはどれだろう。

C ちょうは言えると思う。

T じゃあ，団地は？

C 団地は生き物じゃないし，大きいだろうから言えないんじゃないかな。

T おもしろいね。じゃあ，クローバーやたんぽぽは？

C ぼくは，クローバーやたんぽぽも生き物だから，言えると思う。

C 言えないと思う。「おどるように飛んでいるちょう」って書いてあるから。

T なるほど。じゃあ，「よかったよ。」って言えるのはどれだろう？

C ちょう。クローバーやたんぽぽは，言えない。

T どうして？

C だって，迷子の子が仲間のところに戻って来ることができたことがよかったことだから。迷子のもんしろちょうしか言えない。

　必要に応じて，「クローバーやたんぽぽも言った」説や「よかったよと言ったもんしろちょうは一匹だけではなかった」説についても検討します。

　そして，夏みかんのにおいが残っている間は，不思議な世界が続くとしたら，この物語にぴったりの続きはどんな内容なのか，出てきた内容を検討し，次回は物語の続きを一人一人が書くことを伝え，本時は終わります。

研究授業協議会

ツッコミ1 「言えそうなもの」より「なぜ聞こえたか」を考える

「シャボン玉のはじけるような，小さな小さな声」は，なぜ松井さんに聞こえたのでしょう。きっと耳を澄ませても聞こえないほどの小さな声なのに。車内に夏みかんのにおいがまだかすかに残っているということが何か関係ありそうです。「よかったね。」と言えそうなものを探すより，なぜ声が聞こえたのかを探るほうが本質的な活動になるのではないでしょうか。(ヒグチ)

ツッコミ2 子どもに委ねているように見えるが

「よかったね。」「よかったよ。」と言っているのは誰か，教材研究の段階では様々に想像を膨らませたいと語っているのに，本時案ではちょうという答えに収斂していきます。夏みかんのにおいは物語の最初から最後までしているのに，ファンタジー世界の入口・出口だと言い切っています。授業者の教材観が固定していると，子どもは想像を広げられないのでは？ (シシド)

ツッコミ3 「誰が言ったか」の話題の先にあるものは？

「誰が言ったか」の話題は盛り上がりそうですね。しかし，生き物かどうかといった表面上の議論で終わる危険性はないでしょうか。それよりも「シャボン玉のはじけるような，小さな小さな声」や夏みかんのにおいを豊かに想像したうえで，「その声を聞いた松井さんは何を思ったのか」を考えることの方が，物語の続きを書く活動にも生かされると思います。(ヤマノ)

改善策・今後の展望

　ご意見をいただいて，『車のいろは空のいろ』の他の物語とは違う，女の子は実はちょうだったということを直接描かない「白いぼうし」らしさが出るような学習展開を大事にしたいなと考えました。登場人物の優しさや春のかわいらしさ，柔らかさなどにも繋げたいと思いました。

回答 1　前時の学習展開で活用させていただきます

　なるほど。松井さんの人柄と車の中の秘密に迫るとても素敵な発問ですね。前時で松井さんの優しさについて学習するので，その発問はその時にしようかな。前時の最後に，最後の場面の不思議な声はどうして松井さんに聞こえたのかと繋げ，車の中にあった夏みかんのにおいにも気づかせながら，本時で不思議な世界の情景について本格的に想像させようと思います。

回答 2　何でもありではないのですよ

　不思議な世界は，夏が始まったような暑い日の，春（もんしろちょう，たんぽぽ，クローバー）と夏（夏みかん，白いぼうし，虫とりあみ）の歪み，そして松井さんの優しい行動から現れたのではないかとわたしは考えます。ちょうが帰れたからこそ，不思議な世界が現れたのではないでしょうか。先生のお話を聞いて，春の住人たちの柔らかさにも注目させたいと考えました。

回答 3　「白いぼうし」らしい情景を目指します

　本時の学習展開を丁寧に進めていけるようにいたします。最初は大味な想像になったとしても，物語に描かれていることから，見えたものや小さな声，においなどにも迫りながら，白いぼうしらしい優しい情景が想像できるように展開するようにいたします。松井さんは何を思ったのか。そして何をしたのか。そちらも次時の活動に繋がりそうですね。ありがとうございます。

　第三次の物語の続きを子どもたちが書く学習も，内容の面白さではなく，「白いぼうし」らしさにこだわれるような子どもたちの姿を目指していこうと考えました。先生方のお話を聞いて，自分が考えていた案がより具体的になったので，何より感謝いたします。ありがとうございました。

アップとルーズで伝える

■ 光村図書・4年上

授業者　三笠　啓司
研究授業協議　樋口　綾香・山埜　義昭・平井　和貴

教材の概要

■ R6光村図書・4年上「筆者の考えをとらえて、自分の考えを発表しよう」（全8時間・5月）

　本単元は、プレ教材「思いやりのデザイン」と本教材「アップとルーズで伝える」で構成されています。話題提示、三部構成、事例の対比、双括型の文章構成など、読みの観点を振り返りながら理解を深めていきます。また、説明的文章での学習を「考えと例」の学習と関連づけることで、自分の考えを対比的にまとめ、表現する学びへ繋げていくことができます。

教材の系統性マップ

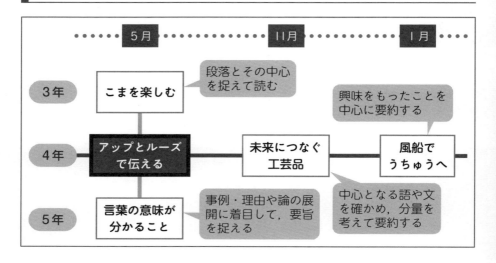

場面構成図

終わり	なか				初め		
⑧筆者の主張（主張の強調）	⑦新聞におけるアップとルーズ	⑥小さなまとめ	⑤ルーズの特徴（テレビ）	④アップの特徴（テレビ）	③筆者の主張・問いの文	②アップの写真を使った話題提示	①ルーズの写真を使った話題提示

教材を支える側面情報

　本教材は，元 NHK 解説委員でありアートディレクターである中谷日出さんが書き下ろしたものです。NHK では，小学校高学年用のメディアリテラシー番組のキャスターを務めていました。このことからも，日々刻々と変化するメディア社会に生きる子どもたちに，メディアに主体的にアクセスし，コミュニケーション能力を高めていってほしいという思いが感じられます。子どもたちが生きる近未来（2050年）は，実社会での生活以上にメタバースという仮想空間の中で生活する社会になり，人間が人間の能力を拡張することができる社会であると「hello, new world」という音声コンテンツで述べています。今，わたしたちが，近未来の仮想空間を豊かに想像することはなかなか難しいですが，これまで以上に誰でも簡単に情報操作ができる時代へと転換することは明らかです。必然的に情報を生み出す「送り手」の立場になる子どもたちの未来を想像すると，説明的文章としてだけではなく，メディア教材としての学びの側面が浮かび上がる教材であるとも考えられます。

わたしの教材研究の視点

❶ この教材の内容面での面白さとは

　この説明的文章は，映像や写真を見るだけではわからない，情報の送り手の意図を読者に教えてくれます。わたしたちは，アップの映像やルーズの映像を何気なく見ています。何台ものカメラを使って様々な角度から撮影しているからこそ，わたしたちは多様な情報を得ることができています。このことは，第１段落から第６段落において，わたしたちに一番馴染みのあるテレビという事例を使って詳しく説明しています。これは，テレビ番組の制作に携わる情報の送り手としての筆者の立場が色濃く表れていると言えます。

　しかし，第７段落では，テレビ番組の制作者としての立場を捨て，新聞を事例にして写真にもアップとルーズが使われていることを説明しています。読者として何かしらの違和感を感じるからこそ，第７段落の必要性について考えさせる授業が多く見られることも納得できます。子どもたちの多くは，第７段落の必要性について，「わかりやすく説明するため」「説得力を増すため」などと考えているようです。しかし，手軽に情報にアクセスできる今日の子どもたちにとって新聞は，読者を説得する事例として有効なのでしょうか。この違和感を学習課題として提示し，どのように解消していくのか，子どもと一緒に考えることも，教材の秘めた面白さではないでしょうか。自分たちが，筆者になって第７段落の事例を考える。第７段落をリライトすることにより，教材と子どもたちの距離をぐっと近づけることが期待できます。

❷ この教材の表現面での面白さとは

　この説明的文章の構造の特徴は，具体的な事例を対比関係で説明しながら，筆者の考えを伝えようとしているところです。比較的構造把握もしやすく，子どもたちの読みの土台が揃いやすい教材でもあります。筆者は，事例を対比的に並べ，説明することで，アップとルーズが相互補完的な関係であることをわかりやすく説明しようとしています。筆者の意図は，本文に巧みに位

置づけられた映像写真からも伺えます。映像写真と本文を関連づけることで,子どもたちの教材への働きかける力はぐっと高まります。アートディレクター,番組制作者である筆者だからこそできる表現方法の工夫ではないでしょうか。

　対比構造に支えられた文章は,終わりの第8段落で「クラスの友達や学校のみんなに何かを伝えたいと思うことがあるでしょう。」と読者である子どもたちを教材世界から日常世界へ引き戻す表現が見られます。これまでは,読者として情報の受け手であった子どもたちに,みなさんは,送り手として確かに存在するのだということを改めて気づかせてくれます。第8段落の筆者の主張でもある呼びかけに対し,子どもたちは,何を感じ,何を考えるのでしょうか。1人1台端末環境が整い,GIGAスクール環境の中で,子どもたちが様々な学習場面において情報操作する場面は確実に増えました。筆者が教えてくれたように,何を伝えるのかだけではなく,どのように伝えるのかを考えていくことは,今の子どもたちが考えるべき価値ある問いではないでしょうか。

❸ この教材で育むことのできる言葉の力とは

　この教材は,説明的文章としての価値と同様に,メディア教材としての価値を感じます。教材を読み,対比関係で述べられた文章構造,事例と筆者の主張の関係,段落同士の繋がり,双括型の文章構成など,この教材だからこそ学べることを捉え,深めていくことは,重要な学習内容であります。この学びを生かし,子どもたちに身につけてほしいことは,「情報を選ぶ力・使う力」です。そのためには,自分が伝えたいことに対して,どのような事例を,どのように提示することが効果的なのか,事例からどのような情報を伝えたいのかを,自分で選択する学習過程が重要であると考えています。実際にアップとルーズを用いて,スポーツ実況をしたり,通販番組でおすすめの商品を紹介したりするなど,音声言語を用いた言語活動を設定すれば,子どもたちの主体が自然と立ち上がり,学びの繋がりが生まれるはずです。

教材研究から立てた単元構想

● 単元計画（全8時間）

次	時	目　標	学習活動
一	1	○題名から問いをつくり，どのようなことが書かれているのか想像し，自分なりの読みをつくることができる。	• これまでの説明文の学習を振り返る。 • 題名から問いをつくることで，教材との出合いを大切にする。
	2	○本文を音読し，初読における気づきを交流し，整理することができる。	• 初読での気づきを自由に交流させ，全体で共有する。 • 内容面に関する気づき，形式面（構成や表現など）に関する気づきを板書で整理する。
	3	○前教材と比較しながら，どのように学習を進めていくか，自分が学習したいことを表現することができる。	• 前教材で学習したことを確認する。 • 本文を読み深める問いをつくり，全学習課題として全体で共有する。
二	4	○本文を読み，「初め・中・終わり」に分け，筆者の主張の書かれ方について，自分の考えをもつことができる。	• 何の事柄について書かれた段落か，どの段落との繋がりが見えるのかを中心に話し合う。 • 具体と抽象の関係を確認する。
	5	○アップとルーズが対比的に説明されていることから，相違点をまとめ，筆者の主張を捉えることができる。	• 資料（映像写真）と書かれていることを関連づけながら，自分が整理しやすい思考ツールを使って，アップとルーズの相違点を整理していく。
	6	○第7段落の内容を確認し，この段落の役割について，自分なりの考えをもつことができる。	• 第7段落の必要性を問う。 • 自分たちに身近な事例を用いて，第7段落をリライトする。
三	7・8	○自分が選んだ題材を選んで，音声の吹き替えによる「アップとルーズで伝える」を創作する。	• スポーツの実況，通信販売の販売員，わたしのおすすめの一品など，子どもたちが選んだ題材について，アップとルーズを用いて音声言語で伝える（ICT機器の活用）。

● 第二次6時の授業展開例

　3時間目における問いづくりや4時間目での三部構成を捉える際に，第7段落に着目して考えを述べる子どもがいます。この子どもの考えを出発点にして，授業を展開していきます。子どもたちから第7段落へ着目した考えが出てこない場合は，教師から第7段落を提示し，学習課題へと誘います。

T これまでの学習で，みんなが気になっていた段落があったね。そう，第7段落のことなんだけど……。みんなは，どうして第7段落のことが気になったのかな？

C ずっとテレビの話なのに，新聞の話になっているから何か気になる。

C うん，うん。テレビの説明はとっても詳しいけど，新聞はちょっとなぁ。

C あまり大切な段落ではないような感じがする。

C ちがう。第7段落にも役割があるよ。だって，本文に「写真にも」ってちゃんと書いてあるよ。第6段落と繋がる言葉だよ。

C そう，そう。新聞を例に挙げて，テレビ以外にもアップとルーズが使われていることを伝えたかったんだよ。筆者の工夫の1つだね。

T なるほど，第7段落には，そんな大切な役割があったんだね。ところで，みんなは，新聞をよく読むの？（挙手をさせ，反応を見る）
なんか新聞は，みんなに馴染みのあるものとは言い切れなさそうだね。

C 確かに。新聞よりインターネットで調べる方が便利だし。

C 本とか雑誌では，写真をよく見るけど。パンフレットも。

T 本当だね。写真は，新聞以外にもたくさんのところで使われているね。
それでは，もしあなたが筆者なら，読者である小学生にも共感してもらえるように，どのような事例を使って第7段落を書くかな？

　子どもたちが自分で見つけた事例を用いて，自分なりの第7段落を創作するリライト活動へと展開していきます。

研究授業協議会

ツッコミ1 リライトで育てたいのは書く力？　それとも批判的に思考する力？

　事例への「違和感」から学習をスタートすることは，筆者の論の展開に対して批判的に読む力を高めますが，リライトをするとなると「どのように書くか」が重要になり，別の資料の示し方を事例にして対比構造を生かした書き方を学ぶことになるでしょう。批判的に読むことは４年生では少々難しいので「書き方のよさ」を生かしてリライトするのはどうでしょう。（ヒグチ）

ツッコミ2 筆者との距離を近づけるためのリライトはどうですか?!

　リライトを通して教材との距離が縮まるよさがある一方，筆者との距離が離れてしまった気がするのですがいかがでしょう。わたしは，リライトした後「わたしたちの身の回りに色んなメディアがあるのに，なぜ中谷さんは『新聞』にしたのかな。中谷さんが伝えたいことと関係があるのかな？」と筆者の事例の意図にもう一度迫りたいと考えるのですが。（ヤマノ）

ツッコミ3 リライトする活動は，わくわくしますが……

　第７段落の役割について考えをもつために，リライトする活動は必要でしょうか。第７段落のリライトで深まるのは，筆者の主張についての理解だと思います。また，子どもたちはどんな事例でリライトするのでしょう。確かに，手軽に情報にアクセスできる時代ですが，あくまでも受け手として。送り手としての事例を挙げるのは難しいのではないでしょうか。（ヒライ）

改善策・今後の展望

　リライトすることで，子どもたちの学習を難しく，複雑なものにしてしまう可能性があることがわかりました。子どもたちの学びの文脈を大切にし，単元の中にどのように位置づけていくのか，問題意識が生まれました。リライトすると，「どのように書いていいのかわからない」といった，子

回答 1 リライトすることで，批判的に思考する素地をつくる

　確かに，リライトすることになると，「どのように書かせればいいのか」といった新たな課題が生まれます。しかし，ここでのリライトは，筆者が挙げた事例に対して，批判的に思考する素地をつくっていくためのものです。上手く書くことができない学習経験は，第7段落の書かれ方のよさを考える学習課題として全体で共有していきます。

回答 2 リライトすることで，筆者と対話するきっかけをつくる

　リライトした後，もう一度教材へ戻していくことは，とても大切な学習活動です。自分と筆者を比べることで，今まで見えてこなかった筆者の思いや，表現の工夫が見えてきます。「中谷さんが考える第7段落のよさってどんなところかな」と問い，筆者の立場で，もう一度事例の意図に迫ります。読者の立場，筆者の立場を往還することで，筆者との対話を促していきます。

回答 3 リライトすることで，子どもたちと教材を繋ぐ

　リライトする目的は，子どもたちと教材との距離を近づけることです。子どもたちは，図鑑，広告，パンフレット，YouTube など，様々なものから情報を受け取っています。自分が身近に感じているものだからこそ，情報の送り手が伝えたいことを，子どもたちなりに考えることができると思います。また，リライトすることで，第三次の学習活動へ繋ぐねらいもあります。

どものつまずきが必ず生まれます。学級全体，ペア，グループなど，学びの環境を整えながら，少しずつ書く力も高めていきたいです。また，リライトした後は，子どもたちの学びを教材へ返すことで，教材の論理へアプローチできる「学びがいのあるリライト」を探っていこうと思います。

大造じいさんとガン①

光村図書・5年下

|授業者|岡田　憲典|
|研究授業協議|笠原　冬星・河合　啓志・山埜　善昭|

教材の概要

- R6光村図書・5年下「登場人物の心情の変化に着目して読み，物語のみりょくを伝え合おう」（全6時間・3月）
- R6東京書籍・5年下「人物像について考えたことを伝え合おう」（全7時間・11月〜）
- R6教育出版・5年上「物語のやま場を見つけ，読みを深めよう」（全8時間・9月）

なお，本教材は教科書会社によって，前書きの有無や文体が異なります。

教材の系統性マップ

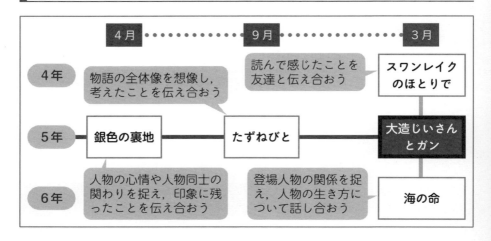

場面構成図

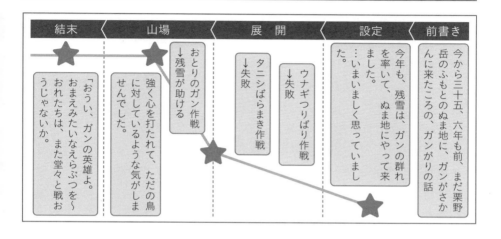

教材を支える側面情報

　「大造爺さんと雁」は雑誌「少年倶楽部」に昭和16年に掲載され，昭和18年に作品集「動物ども」の第一編に収録されました。これらの発表年からもわかる通り，「大造じいさんとガン」は日中戦争中〜太平洋戦争が開戦しようとする頃の戦時下に書かれた作品です。

　椋鳩十が語った「思い出」には，そんな，戦時下にあった昭和14年から昭和15年ごろに，栗野岳の八合目あたりにあった温泉宿で，実際の大造じいさんと初めて出会った時のことが書かれています。

　大造じいさんとその日のうちにすっかり友人になった椋鳩十は，自分の人生に堂々と立ち向かっているこの老人に強く心を惹かれたと語っています。

　大造じいさんの話を聞いた時に「大造じいさんという柱と，残雪という柱とを同じ大きさにして物語を書いてみよう」と作品を構想していたそうです。大造じいさんの目から見た残雪を鮮やかに描こうという構想は，椋鳩十が大造じいさん本人と話をした時には，決まっていたのかもしれません。

わたしの教材研究の視点

● この教材の内容面での面白さとは

　この作品は大造じいさんの目を通して，残雪の人物像の利巧さ，緻密さ，仲間想いの頭領らしさに少しずつ惹かれていく面白さがあります。残雪が来てから一羽のガンも獲れなくなったと語られていますが，そんな残雪が作中で唯一の守り切れなかった仲間が，大造じいさんのおとりのガンです。

　「さかんにばたついたとみえて，辺り一面に羽が飛び散っていました。」と描かれているところを深く想像してみると，さかんにばたついたのは，おとりのガンだけでしょうか。大造じいさんの視点に立って想像した時に，沼地に残雪特有の「白い混じり毛」もたくさん散っていたからこそ，辺り一面に羽が飛び散っているように見えたとも考えられませんか。

　残雪は，おとりのガンのことを何とかして大造じいさんの罠から助けだそうとしていたとすると実はここにも，「頭領らしさ」が描かれていたと言えます。以上のように，残雪の頭領らしさが，大造じいさんの目を通して読者に少しずつ伝わってくるところが，本教材の面白さだと考えます。

● この教材の表現面での面白さとは

　表現の面白さとして，大造じいさんの心情と重ねて表現される「描写」の巧みさが挙げられます。描写については，既習の学習で大きく三種類取り上げてきました。本教材では，これらを総動員して読むことができます。

　１つ目は心情が直接的に描かれている表現です。本教材では「いまいましく思っていました」や「うれしく思いました」などが挙げられます。２つ目は心情が行動によって暗示されている表現です。本教材では「りょうじゅうをぐっとにぎりしめた」「『はてな。』と首をかしげました」などが挙げられます。３つ目は心情が情景によって暗示されている表現です。「あかつきの光が，小屋の中にすがすがしく流れこんできました。」や「東の空が真っ赤に燃えて，朝が来ました。」などの表現がこれにあたります。

これらの描写とその前後の文を詳しく読み，どんな心情が表現されているのかを想像し，交流することで作品の面白さがより引き出されます。

● この教材で育むことのできる言葉の力とは

　読み手として学んだ情景描写などの豊かな表現の力を生かして，書き手としても描写を使える力を育みます。そのために本単元の第三次では「卒業生に贈る詩で巣立ちの壁面掲示をつくろう」を言語活動として設定します。

　令和6年度版の光村図書では，単元の実施時期として3学期末が想定されています。卒業式や巣立ちなどの学校行事とのカリキュラムマネジメントを図ることで，より目的意識や相手意識をもった言語活動が期待できます。

　実際の授業では卒業生への感謝の気持ちや，これから最高学年になるにあたっての自分自身の志などを詩に表現しました。より豊かな表現にするために，「大造じいさんとガン」以外の椋鳩十作品ではどんな情景描写が使われているのかを読もうとする子どもの姿も見られました。

教材研究から立てた単元構想

● 単元計画（全8時間）

次	時	目　標	学習活動
一	1	○物語と出合い，単元の学習の見通しをもつことができる。	・前書きを含めて全文を音読。 ・初発の感想や疑問を交流。
二	2	○設定を詳しく読むことができる。	・作品を俯瞰して時，場，人物の設定を読む。 　時：4年間の話 　場：栗野岳のふもとのぬま地 　人物：大造じいさん（前書きでは七十二歳，本編では三十七歳，愉快，経験豊富，元気，粘り強い，努力家など）
	3	○出来事の流れを詳しく読むことができる。	・章ごとに小見出しを考える。 　1章「ウナギつりばり作戦」

101

			2章「タニシばらまき作戦」 3章「おとりのガン作戦」 4章「残雪を元気にしてにがす」
	4	○情景描写を詳しく読むことができる。 （※授業展開例参照）	• 色や景色で登場人物の気持ちを暗示していたと思うところを抜き出すようにする。 • 抜き出した文から，登場人物の心情を想像し交流する。
	5	○大造じいさんの残雪への思いが大きく変わったところを捉えることができる。	• 大造じいさんの変容に関わる一文を見つけて交流する。 例）仲間（おとりのガン）を助けようとする姿に心をうたれた。 例）「が，なんと思ったか，再びじゅうを下ろしてしまいました。」は残雪の視点から描かれている。 例）ただの鳥に対している気がしない。 例）おうい，ガンの英雄よ。
	6	○作品の魅力を交流することができる。	• 設定や出来事，表現の工夫など，単元の学習を振り返り，どの観点から魅力を感じたのかまとめる。
三	7 ・ 8	○情景描写を生かして，卒業生に贈る詩を創作することができる。 ○作品を交流して，互いに想像できた気持ちを伝え合うことができる。	• 表現の参考にするために椋鳩十作品を読む。 • 第4時の学習を振り返り，友達が書いた作品から想像した気持ちを伝え合う。

● 第二次4時の授業展開例

① 前時の復習をして，大造じいさんの心情について問いを引き出す

T　みなさんは，もし大造じいさんみたいに一生懸命頑張ったけど上手くいかなかった時，どんな気持ちがしますか？

C　上手くいかない自分に腹が立つ。

C　自分だったらつらい気持ちがする。

C　自分が一晩中かけてタニシを五俵集めたのに失敗したら心が折れそう。

T　大造じいさんはどうでしたか？

| C | 愉快な感じの人だから，失敗しても前向きな感じがする。 |

| T | では，今日は大造じいさんの心情について深く読みましょう。 |

② 心情が想像できる言葉を見つけるための見通しを交流し，読み返す

| T | これまでの学習で気持ちを表す時にはどんな表現がありましたか？ |

| C | 気持ちが直接的に書かれている表現。（心情描写） |

| C | 気持ちが色や景色から想像できる表現。（情景描写） |

| C | 気持ちが行動から想像できる表現。（行動描写） |

| T | 自分が見つけた文に線をひいてみましょう。 |

③ 共同編集で交流し，描写に対する解釈の違いについて話し合う

| T | 共同編集の Excel に，見つけた文とそこから想像した心情を書きましょう。章ごとにシートを分けています。 |

| T | 書き終わった子から読み比べましょう。見つけた文ごとにソートすることで，同じ文章を選んでいる友達を見つけやすくなりますよ。 |

| T | 友達の考えを読んで気づいたことはありますか？ |

| C | 同じ文を選んでいても，想像していた気持ちが少しずつちがっていた。 |

| C | 「東の空が真っ赤に燃えて，朝が来ました」だと，私は，「朝焼けを見て緊張を落ち着かせたい気持ち」って書いたけど，Aさんは，「今度こそ，残雪との戦いに勝つんだという熱い気持ち」って書いていました。 |

| C | 「秋の日が，美しくかがやいていました」は，「ガンがとれそうで楽しみな気持ち」って思ったけど，Bさんは「作戦がうまくいっているのか見に行くのが楽しみな気持ち」って書いてたから，似ているけど少し違っていると思いました。 |

| T | 共同編集の Excel を見ながら，気になった友達と交流したり，本文を読み返したりして，自分の読みを深めてみましょう。 |

| T | 今日の授業を通して，深まった読みや，いいなと思った友達の考えなどを，振り返りに書いておきましょう。 |

研究授業協議会

ツッコミ1 細大もらさず読み，描写に強弱をつけてみては？

　先生は「白い混じり毛もたくさん散っていた」と記載されていますが，本文中にはそのような表記はありません。よって，残雪が助けたかはわからない気がします。また，「情景描写」は抽象的になっているので，わかりやすい行動描写とも比較しながら，「なぜ人によって考えが違うのか」にも言及するとさらによい実践になると思います。(カサハラ)

ツッコミ2 言葉を抜き出すことと，想像することは同じではない

　心情描写と情景描写，行動描写から心情を読み取ることを明示するのはわかりやすいですね。しかし，言葉を抜き出すこととそれを読むことは同じではありません。「東の空が真っ赤に燃えて，朝が来ました」という文を抜き出した子は，その情景をイメージしたのでしょうか。大造じいさんが見た景色を，想像することでより深く，心情を読むことができると思います。(カワイ)

ツッコミ3 共同編集で交流して心情は深まった？

　魅力的な言語活動やICTの活用などが構成されているなと思いました。ただ，共同編集の交流だけで大造じいさんの心情を深く読めたと言えるのかなと。ここでの発問は不要でしょうか？　「あかつきの…」と「東の空…」といった朝の情景の違いから深めたり，「らんまんとさいた…」の情景から大造じいさんの変容を考えたりしたくなるのですが。(ヤマノ)

改善策・今後の展望

　共同編集による相互参照をきっかけに，他者との読みのズレが可視化されることで，対話的な学びを通して，表現の面白さに着目したり，豊かに想像したりすることへの必然性を引き出すことをねらいました。
　しかし，子どもたちの多くが着目する情景描写は抽象度が高く，想像す

回答 1　「救わねばならない仲間」の伏線としての読み

　おっしゃるように「辺り一面に羽が飛び散っていました」と書いているので，白い毛があったかどうかはわかりません。しかしながら，大造じいさんが見た時には，多くの羽が地面に残されていたということは確かです。

　残雪が助けに来ていたかどうかはあくまでも想像の域になりますが，「救わねばならない仲間」の伏線として読むのも面白いかと思いました。

回答 2　言葉を抜き出すことは手段で，深く想像することが目的

　3つの描写の読み方を明示的に指導することで，より着目できる言葉が多様に広がります。今回は，多様に広げることで，一緒に読んだ仲間とのズレを引き出し，そのズレを共有する過程で，想像することの必然性を引き出せるように提案しました。しかしながら，ご指摘の通り，情景を深く想像したうえで，そのズレを交流する展開の方が，さらに読みが深まりそうです。

回答 3　共同編集の交流と直接対話の交流をどう組み合わせるか

　共同編集の交流だけでは，どうしても子どものアウトプットの量が確保できず，浅い交流になってしまうこともあるように思います。話すことによる交流の方が，同じ文や言葉を指さしながら，互いの意見交換が進んでいきます。この機会にクラウドの交流場面と直接対話の交流場面のそれぞれのよさと課題を整理して，今後の授業づくりに生かしていきたいと思います。

る心情が焦点化されにくいなどの課題がありました。

　改善案としては，取り上げる言葉を焦点化したり，共同編集で相互参照したことをきっかけに話し合う時間をとったりして，豊かな表現を味わい，心情を深く想像できるように工夫していきたいと思いました。

大造じいさんとがん②

📖 東京書籍・5年下

授業者　小石川　敦子
研究授業協議　樋口　綾香・宍戸　寛昌・河合　啓志

教材の概要

- R6東京書籍・3年上「サーカスのライオン」中心人物について考えたことをまとめよう（全9時間・10月）
- R6東京書籍・4年下「ごんぎつね」人物の気持ちの変化を伝え合おう（全13時間・11月）
- R6東京書籍・5年下「大造じいさんとがん」人物像について考えたことを伝え合おう（全7時間・11月）

人物に着目して読む教材は秋の配当が多いです。また，読解後に朗読会を設定する場合は時数を2時間増やすとよいでしょう。

教材の系統性マップ

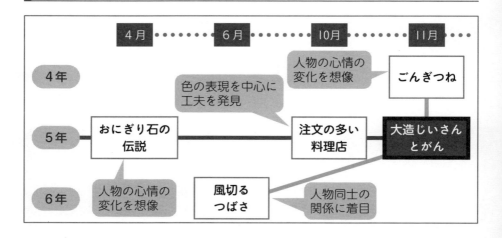

場面構成図

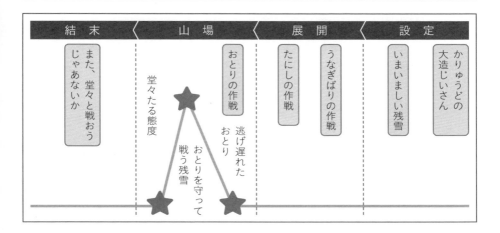

教材を支える側面情報

　椋鳩十さんは、子ども向けの動物文学を数多く執筆していますが、その中には、生物学的にはおかしいものも含まれています。今回の「大造じいさんとがん」のがんもその１つです。がんは草食性の動物で、たにしは好んで食べません。また、はやぶさは自分より大きな動物を狙うことはほぼないため、この作品に書かれているようにはやぶさががんを襲うことはめったにないのです。また東京書籍では、この物語の前書きの文が書かれていません。そのため子どもは、大造じいさんの自分語りとして物語を読み取っていきます。しかし、実際は第三者が猟師小屋で語っており、「ごんぎつね」と同じ形態をとっていると言えます。前書きがあれば、残雪との戦いは、老齢の話ではなく、まだ壮年の話であることは明白です。老齢の猟師とがんの戦いとするのか、壮年の猟師とがんの戦いとするのかでは主人公へのイメージや読み取りに変化があるのではないかと考えます。

　今回は教科書の書き出しに沿って、老齢の狩人として授業を進めています。

わたしの教材研究の視点

● この教材の内容面での面白さとは

　この物語の面白さは，手練れの狩人である主人公の心変わりの振れ幅です。「たかが鳥のことだ，一晩たてば，また，わすれてやってくるにちがいない」と残雪を侮っていたのに，これまでの経験や生態を詳しく観察して絶対の自信をもってしかけた数々の計略を次々に見破られ，ますますその戦いにのめりこんでいきます。その姿は，クリアが難しいゲームにのめりこむ人の姿に似ています。その中で，動物の本能とは違った「仲間を率いるリーダー」としての残雪の姿に驚き，感動し心酔していきます。

　主人公は，がんを捕まえようとその生態を詳しく観察し，実験を繰り返し（○○の計略）その中でこれまで「たかが鳥」とあなどっていた相手に驚くべき点を発見して心変わりをしていきます。ギャップ萌えの感覚と言ってもいいこの変わりようが面白いのです。

● この教材の表現面での面白さとは

　心理描写・行動描写・情景描写の３つの手法で主人公の心の変容を書いています。時に直接的に時に間接的に表現された日本語の微妙なニュアンスの違いを子どもたちがどう受け止めることができるのかがこの教材の面白さです。特に大事なここ一番の決戦場面では，直接的な表現を使わず自然の色彩と叙情的な情景描写が主人公の心理とリンクしていることで心の動きの複雑さが一層際立っています。また，決戦の場面以外では情景描写を用いないことで，決戦場面の情景描写をより効果的にしていると言えます。それぞれの描写を確認するとともにその効果についても考えることで，より深く表現について学べる教材になっています。

● **この教材で育むことのできる言葉の力とは**

　この教材で子どもに身につけてほしいのは「効果的な表現の工夫」です。子どもたちは，これまで学習した教材により，心理描写・行動描写などの表現方法については知っています。その表現をどのような場面で使えば効果的になるのかについて考え，これからの読書活動の時に，表現の工夫とその効果を考えながらより広がりのある読書に繋げていきたいと考えます。

教材研究から立てた単元構想

● 単元計画（全8時間）

次	時	目　　標	学習活動
一	1	○物語と出合い，単元の学習の見通しをもつことができる。	• 物語から主人公の人物像を想像する。
二	2	○「1年目」の場面を読み，人物・舞台設定を明らかにすることができる。 ○それぞれの計略と承・転・結の状況，人物の心情を読み取ることができる。	• 主人公の仕事と残雪との関係についてまとめる。 • 構成についてチャート図を使ってまとめる。
	3・4	○「うなぎばりの作戦」の場面を読み，描写より主人公の気持ちを明らかにすることができる。	• 使われている描写について抜き出し，比喩や描写などの表現の工夫に目を向け，イメージから言葉の見方を働かせ，意味するところを考えるようにする。 • ICTを用いて，主人公の心情が大きく変化した記述について発表し合う。 • 語句の意味が共通理解できているか確認しながら進める。 • 主人公の日記を創造する。
	5	○「たにしの作戦」の場面を読み，主人公の残雪への気持ちを考えることができる。	
	6	○「おとりの作戦」の場面を読み，主人公の残雪に対する気持ちの変化を考えることができる。	
	7	○「残雪との別れ」の場面を読み，主人公の人物像を明らかにすることができる。	• これまでの流れから主人公がどのような人物なのかを明らかにする。
三	8	○お互いの日記を交流して，主人公がどのような人物なのかを考えることができる。	• 日記を交流して，どの表現に着目したのかを交流する。

● 第二次6時の授業展開例

　「おとりの計略の場面を音読して，読み終わった人から静かに座って黙読してください。」子どもが音読している間に黒板の中央に「大造じいさん」と書き，上側に時間の流れを表す矢印も書いて，振り返りたずねます。

110

T 大造じいさんはなぜ銃を下したのかな？
C 残雪を殺せないと思ったから。
C 残雪がおとりのがんをかばってくれたから。

T 大造じいさんは残雪をどう思っていた？
C いまいましく思っていた。
C たかが鳥とか言っていた。

T 残雪はたかが鳥なんだよね。でも何年もしかけをして捕まえようとしてい
  たくらい倒したい鳥なんだよね。
  そしたら今は絶好のチャンスだよ。
C そんな卑怯やん。
C 残雪はおとりのがんを守ってくれてんで。

T じゃあ，これまでの作戦は卑怯じゃないの？
C これまでは，残雪のせいでがんが獲れなくなっていたから。
C 残雪はけがしてなかったからいいねん。

T じゃあ，けがしてなかったら今回も大造じいさんは残雪を撃ったのかな。
  残雪をいま仕留めたらがんが獲れるよ。
C けがしてなくても撃たんかったと思う。
C 残雪のことを人間のように思っているんかも。

T みんなで読み取った描写から，今日の日記を書くならどんな気持ちを書く
  かな。1日の様子を考えて書いてみよう。

　そうして，授業から考えられる主人公の気持ちの変化を，主人公の視点か
ら日記にまとめて本時は終わります。

111

研究授業協議会

ツッコミ1 「いまいましさ」だけではない，あの感嘆の「ううむ」を生かす ------

　初めに抱いていた残雪への感情である「いまいましさ」だけでは，銃を下ろしてしまったり獲物であるガンを介抱したりする行動の理由や「卑怯なやり方とは何か」を深められないのでは。それまでの計略で失敗した時の「ううむ」と「ううん」を比較することで見えてくる残雪の知恵の使い方に対する大造じいさんの考えを本時の学びに生かしたいですね。（ヒグチ）

ツッコミ2 大造じいさんの心情はどこで大きく変わったのか ------

　黒板に時間の流れを表す矢印を書いておくのは，場面の展開と共に変わる大造じいさんの心情を読ませるため。でも，ICT のやりとりを見ていると，大造じいさんの行動描写や因果関係から心情を読ませています。移り変わる心情と，一瞬の心情とを 1 枚の板書に整理するのは相当難しいのではないですか？　感想は書けても解説はできない子どもが出る気がします。（シシド）

ツッコミ3 クライマックスの読みどころ ------

　本時の目標が「残雪への心情の変化を読み取ること」ならば，読むべきは大造じいさんが残雪のどの姿に，なぜ心を打たれたのかを明らかにすることだと思います。卑怯かどうかを考えることは，作戦の評価です。あんなにすごい残雪を卑怯なやり方でやっつけたくないわけであり，大造じいさんが見た残雪の姿を整理し，何を感じたかを読むことが目標への道です。（カワイ）

改善策・今後の展望

　わたしは「情景描写」から心情を読み取るという主観的な活動に重きをおいていたことに気づきました。「人物像について考える」という単元の目標のためには，主観的な感覚を読み取るだけでなく，行動を客観的に考える活動も入れてさらに深く大造じいさんについて理解を深める必要があ

回答1 心情の変化を感じ取るための情景の読み取り

　「ううん」と「ううむ」を直接比較することでも，残雪への大造じいさんの考えの推移や大造じいさんの行動の理由を深めることはできますが，「いまいましさ」をしっかりおさえておくことで，「いまいましさ」⇒「ううむ」と大きな変わりようを見せた大造じいさんの心情を子どもたちによりリアルに感じとってもらいたいと考えました。

回答2 タブレットを活用してさらに深く学びたい

　確かに，1枚の黒板にすべてを載せていくことは難しいかと思います。黒板には時間によって変わりゆく心情の変化を通して書き，タブレットを活用して大造じいさんの心情が大きく変わったと考える場面を交流し理由を考えていく活動を取り入れることで，大造じいさんの行動の理由について解説することができ，深い学びに繋げることができると考えます。

回答3 大造じいさんの感覚を読み取りたい

　大造じいさんが何を卑怯と感じているのかを明らかにすることで，大造じいさんの残雪への心情の変化やそのきっかけについてわかりやすくなると考えました。ご指摘のあったとおり，大造じいさんが見たものとその時の心情の読み取りを重ねることで一瞬の変化について読み取ることもできると気づきました。今後の授業に取り入れていきたいと思います。

ると考えました。「時間の流れ」「情景描写」「行動描写」すべてを通じて熟練の猟師である大造じいさんが「残雪という存在によって変容した」のみでなく，その前後の出来事も丁寧に読み取ることで人物像に深く迫れる授業展開をさらに考えていきたいと思いました。

注文の多い料理店

■ 東京書籍・5年下

授業者　笹 祐樹
研究授業協議　宍戸 寛昌・樋口 綾香・山埜 善昭

教材の概要

■■ R2学校図書・5年上「読書に親しもう」（全4時間・7月）
■■ R6東京書籍・5年下「物語のおもしろさを解説しよう」
　（全6時間・10月）

　物語を読み取り，その面白さを解説する文章を書く活動を取り入れる場合と，読書活動に特化する場合で時数に差が出ています。

教材の系統性マップ

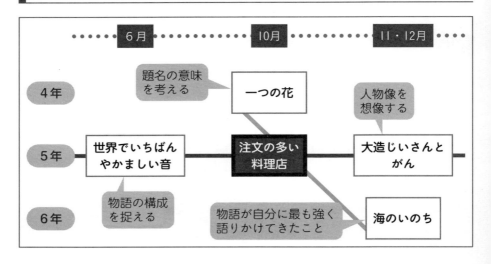

場面構成図

教材を支える側面情報

　作者の宮沢賢治氏（以下，賢治）がこの作品を制作した1921年。この頃の時代背景と賢治が置かれた環境が色濃く作品内に反映されています。東京のような都会では洋食文化が広まり，裕福な人々が必要以上に贅沢な食事を楽しんでいました。一方，貧しさが残る地方（賢治の生まれ故郷，岩手県も）では，贅沢な食事を楽しむことはできませんでした。自分たちが生きるために必要な分を獲り，貧しくても必死に生きる姿を「猟師」を通して表しているのではないでしょうか。賢治自身は非常に裕福な家の出で，東京にも何度も行っているのですが，肌で感じる都会との差については考えさせられることが多かったはずです。そう考えると，「二人の若い紳士」の人物像は，時代背景や賢治の出自の影響を受けていると考えられます。もちろん食や狩りは必要なものですが，必要以上の食や狩りは，命を蔑ろにする行為です。本作はそんな行為に対しての，賢治の憤りが表現された作品ではないでしょうか。

わたしの教材研究の視点

● この教材の内容面での面白さとは

　物語の最後に「いっぺん紙くずのようになった二人の顔だけは，東京に帰っても，お湯に入っても，もう元のとおりになおりませんでした。」とあります。授業では「なぜ二人の紳士の顔は元に戻らなかったのか？」について考えさせて主題に迫っていく実践が多く存在します。その答えとして，「生き物を大切にしなかった罰が与えられたから」「自己中心的な性格が許されなかったから」などが子どもから出されると考えられます。

　しかし，ここでもう一歩深く読んで主題に迫りやすくするために，発問の工夫をします。例えば，「なぜ，『顔』なの？　足とか手とか体の他の部分じゃだめなの？　なぜ顔『だけは』なの？」→紳士にとって『顔』はどんなものだったのでしょうか。物語の導入にあるように紳士は外見ばかり気にする見栄っ張りです。「あなたはチームの顔だ」という使い方があるように，『顔』は，代表となるもの，その人自身を表すものという意味合いがあります。そのような大事な部分『だけは』ずっと元に戻らなかったのです。紳士にとってこれほど大きな罰はないでしょう。また，『紙くず（紙）』についても子どもたちに連想できるものを出してもらいます。「ペラペラ，薄い，破れる，お札，白い，軽い，濡れたら破れる……」つまり，紳士の存在そのものを表しているのではないでしょうか。命を軽く扱い大切にしない，物事をお金で誤魔化そうとする『紙』のような薄っぺらい存在。さらにその『紙』がくしゃくしゃになって『紙くず』になっているのです。最後のこの一文に，賢治の強い思いと，「紳士＝反面教師」として読者によりよい生き方について考えさせるきっかけを与えているのではないでしょうか。

● この教材の表現面での面白さとは

　この物語は，現実の世界と非現実の世界を往復するファンタジー構造になっています。鍵を握る登場人物として，「二人のわかいしんし」「山猫」が挙

げられますが，ここではもう1人注目したい人物がいます。それは「猟師」です。「猟師」は物語の最初と最後，現実の世界にしか登場しないので，それほど重要視する方はいないかもしれません。しかし，紳士と山猫の対比として，「猟師」の人物像は重要な位置づけになります。紳士と山猫は，命を大切にしなかったり，自分勝手な言動が目立ったりし，結果両者にとって災難が起きます。一方「猟師」は，最初に道案内をしてどこかに行ってしまい，一連の流れが終わった後に再び現れ，特に災難に見舞われていません。「猟師」は，自分たちが生きるために必要な分量だけ獲物を獲る存在，無駄な殺しはしない存在です。最後に猟師が持ってきた「団子」も，動物を殺して作ったものではありません。これらのことから，紳士と山猫は対比になっています。賢治は，紳士や山猫のような生き方を当時の時代背景等から否定し，憤りを感じ，対照的な存在としての「猟師」こそが実は一番参考にしてほしい生き方として挙げているのではないでしょうか。ここでも賢治らしく，陰でひっそりと謙虚に，だけどもコツコツと正しく生きようとしている姿＝「猟師」の描写を通して表現していると考えられます。

● この教材で育むことのできる言葉の力とは

　この作品には「ダブルミーニング」が大きく関わっています。題名にもある「注文の多い」は，最初紳士の立場からは「なかなかはやってるんだ」と話しているように「食事に来る客が多い＝人気のある店」だと解釈しました。しかし，最後にこの言葉が「向こうがこちらへ注文してくる」という意味，つまり自分たちが食べられるための下ごしらえを注文されていたと気づきます。裏の意味があることに気づかず，自分勝手な解釈をし続けた結果，一気に恐怖のどん底へと突き落とされるわけです。紳士の人物像を踏まえて，「天罰が降った」「命を大切にしない罰があたった」と感じる子どもたちも多いと思います。

　一方で，山猫の立場に立ってみると違った見方ができます。合計13の扉の言葉の内容が，山猫自身が紳士を食べるための注文になっています。例えば，

117

「おなか」を，紳士は「部屋の中」，山猫は「お腹」と捉えています。ただ，全13の扉のうち，とにかく早く食べるという目的を果たすならば，貴金属や武器を取り上げた8の扉の時点で十分です。しかし，山猫は13の扉まで，味や香りにこだわる行動を続け，食事を楽しんでいるように思えます。結果，最後に犬に襲われ目的を達成することが叶わず，バッドエンドを迎えるのです。

　このように，紳士と山猫の共通点＝生き物の命を奪うこと（狩り）を楽しんでいることや必要以上の食を求めていることが見えてきます。紳士の人物像を明らかにしたうえで，最後に天罰が降るという紳士の立場に絞って学習を進めていく以外に，山猫の立場にも着目してみることで，物語を深く読むきっかけになると考えています。

教材研究から立てた単元構想

● 単元計画（全9時間）

次	時	目　標	学習活動
一	1	○物語と出合い，単元の学習の見通しをもつことができる。	• 全文を通読し，不思議に感じたことや疑問に思ったことを共有して，解決したい問いをもつ。
二	2	○二人の紳士の人物像を読み取ることができる。 ○ファンタジー構造に気づくことができる。	• 本文から二人の紳士についての描写に着目し，人物像をまとめる。 • ファンタジーの入口と出口がどこなのか見当をつける。
	3	○物語の構成を捉えることができる。	• ファンタジーの入口と出口がどこなのか話し合い，検討する。
	4	○題名や扉の言葉が二通りに解釈できることに気づき，物語の面白さを感じることができる。	• 扉に書かれた言葉に注目し，紳士の解釈と山猫の意図のズレについて話し合う。
	5	○物語の最初と最後で，中心人物が変容した点と変容しなかった点を捉えることができる。	• 紳士の顔が元に戻らなかった理由について話し合う。

	6	○物語の主題について考えることができる。	・紳士，山猫，猟師の人物像を整理・比較し，それぞれの生き方を捉える。
三	7	○今まで学んだ内容から「注文の多い料理店」の本の帯をつくる計画を立てることができる。	・作品の完成例を参考にし，「表現の工夫」「人物像」「主題」それぞれで自分が帯に載せたい内容を整理する。
	8・9	○自分が立てた計画を参考にしながら，本の帯をつくることができる。 ※その後掲示して紹介し合う。	・整理した内容を雛形や完成例を駆使して，本の帯づくりに取り組む。

● 第二次6時の授業展開例

　前時に「二人のわかいしんし」の顔が元に戻らなかった理由を考えています。6時間目では，「山猫」も罰を受けた人物としてあてはまることに注目させます。なぜ，「山猫」まで罰を受けることになったのかを考えることで物語の主題へと近づかせたいです。

T　この物語で罰を受けたのは「二人のわかいしんし」だけでしょうか？

C　「山猫」も犬に邪魔をされて，紳士を食べることができなかった。

T　なぜ「山猫」まで罰を受けたのでしょう？

　ここで「二人のわかいしんし」と「山猫」の命を奪う行為が，両方とも「生きるための行為ではない」という共通点があることに気づかせます。

T　紳士は趣味として，楽しむために動物を殺そうとしている。「山猫」はどうでしょうか？

C　扉にしかけをつくって慎重に紳士を誘き寄せて食べようとしているから，生きるために必死だと思う。

C　でも，生きるために食べることを優先するなら，扉の数は13も必要ないと思う。注文をたくさんして，美味しく食べようとしている。生きるために必死なら，そこまでするかな？

　この後，「二人のわかいしんし」と「山猫」の共通点を整理し，両者と対照的な存在になる「猟師」にスポットをあてていきます。

119

研究授業協議会

ツッコミ 1 子どもに気づきを生む手立てを ━━━━━━━━━━━━━

「紳士≒山猫⇔猟師」という構図は納得できますし，賢治の見方・考え方とか，山猫の怖いけどユーモラスな印象にも繋げることのできるよい視点です。それだけに，発問だけで子どもに気づかせようとする「引っ張り」が強すぎるように思います。紳士や山猫が求めるものや，手に入れる方法などを表に整理していくうちに気づいていく自然な手立てが必要では？（シシド）

ツッコミ 2 「山猫－紳士」の二項対立から脱却する「猟師」への着目！「犬」は？

「山猫－紳士」を「自然－都会」とする二項対立で本教材を読むよりも，山猫と紳士に共通する貪欲さや狡猾さを見出し，命を軽んじる二者とは違う第三者の立場として「猟師」に着目する読みへ誘うのですね。この読みには「犬」の存在も大切ではないでしょうか。猟師も犬も，紳士に雇われた立場でありながら命の奪い合いを回避する役割を担っています。（ヒグチ）

ツッコミ 3 最後の一手が知りたい！ ━━━━━━━━━━━━━━━━

主題への迫り方が「やまなし」のようでとても興味深いです。やまなしでは「なぜ賢治は，題名を魚ではなくやまなしにしたのか？」という発問でやまなしの価値を明らかにすることができます。最後の一手はどのようにお考えですか？　猟師の価値より「紳士の生き方に足りなかったものは？」といった紳士の不足を考える方がよいと思うのですがいかがでしょう。（ヤマノ）

改善策・今後の展望

今回，様々な先生方の幅広いご指摘を受けて，数々の気づきを得ることができました。指導者主導の授業展開になり，子どもたちの意見が色濃く反映されないことへの危惧や，想定できる子どもたちの反応を深く考えることのなかった甘さなど，より一層授業づくりに対して気が引き締まりま

回答1 「バランス」が大事

確かに，表などに整理していく過程で子どもたちに気づきを生む方が，自然な流れに感じます。ただ，実態によってはどうしても気づきを得ることのできない子どもたちも少なからずいます。指導者主導の発問を乱発することは御法度ですが，１つの手段として精選した発問は欠かせないものだと思います。要は「バランス」が大事だと思いました。ありがとうございます。

回答2 視点を絞る

紳士たちがぞんざいに扱っていた「犬」に最後に助けられるということは，それだけ紳士たちの器の小ささを強調する読みに繋げることもできます。ただ，「死んだはずの犬がなぜ甦ったの？」など，子どもたちの思考がばらついてしまう可能性もあります。そこも楽しめばいいのですが，今回の提案では視点を絞っています（絞りすぎているとも言えますが……）。

回答3 「賢治の理想像は？」という視点で考える

先にも書いたように，賢治は命を粗末にしたり贅沢をしたりすることへのアンチテーゼを唱えているのではないかと考えました。影でひっそりと必要最低限の命を獲る「猟師」の姿にこそ，賢治は理想像を掲げていると思います。だからこそ，今回の提案では「紳士・山猫」と「猟師」の対比構造で読みを進めたいと考えています。

した。今後は先生方のご意見を参考にしながら，表を取り入れて登場人物を対比的にまとめたり，「犬」に対しての読みを授業の中で扱い，子どもたちの意見を柔軟に受け入れたりするなど，授業展開の工夫点を数多く考え実践していきたいと思います。

言葉の意味が分かること

📖 光村図書・5年上

授業者	平井 和貴
研究授業協議	樋口 綾香・宍戸 寛昌・西尾 勇佑

教材の概要

■ R6光村図書・5年上「文章の要旨をとらえ，考えたことを伝え合おう」
（全7時間・5月） ※練習教材として「見立てる」があります。
○出典―教科書のための書き下ろし
○筆者情報
　今井むつみ
　研究者。語意の心の中の表象と習得・学習のメカニズムを研究。

教材の系統性マップ

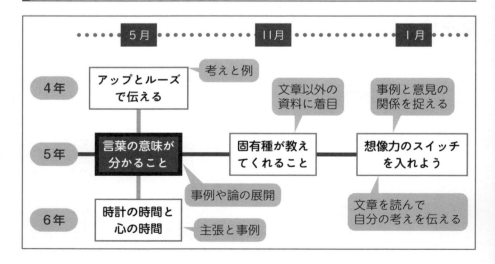

場面構成図

結論	本論(3)	本論(2)	本論(1)	序論
⑫ ⑪	⑩ ⑨ ⑧	⑦ ⑥ ⑤	④ ③ ②	①
・まとめ ・筆者の主張 言葉を学ぶ時には、意味を面として理解することが大切。 言葉の意味を面として考えることは、言葉やものの見方を見直すことに繋がる。	言語によって、言葉の意味の範囲がちがう。 事例Ⅲ 日本語と外国語の違い	言葉の使い手が経験を基に意味の範囲を考えて使っている。 事例Ⅱ 「ふむ」「かむ」の言い間違え	・筆者の主張 言葉の意味には広がりがある。広がりは、似た意味の言葉との関係で決まる。 事例Ⅰ 「コップ」の意味を教える	・問題提起 ・話題提示 言葉の意味には広がりがあり、その広がりを意識することは、言語を学ぶ時に役立ち、言葉やものの見方を見直すきっかけになる。

教材を支える側面情報

　筆者の今井むつみさんは，認知心理学，発達心理学，言語心理学の研究者で，著書には『ことばと思考』『言語の本質』『学びとは何か―探究人になるために』などがあります。

　これらの著書から見えてくるのは，真理を探究することを楽しんでおられる今井さんの人柄です。また，今井さんは「言葉」だけでなく，「学びとは何か」という問いについても深く研究されていることがわかります。

　この２つのことを知ると，本教材がただ単に「言葉の意味がわかるとはどういうことか」を説明している文章ではないことが感じられます。「真理の探究が楽しいものであること」「学びとは何か」という今井さんの考えや生き様が表れているように感じられませんか。本教材は，教科書のために書き下ろされたものです。つまり，今井さんはこの教材で，小学校５年生に向けて，人生や生き方について問いかけているのではないでしょうか。

わたしの教材研究の視点

● この教材の内容面での面白さとは

この文章は，普段，何気なく使っている「言葉」について，見直すきっかけを与えてくれます。5年生の子どもも，筆者の意見を受けて，他にどの言葉と言葉が似ていて，範囲が重なっているのかなどを考えながら読み進めることでしょう。また，自分の体験した言い間違えや言葉に関する事象を思い浮かべながら読むことも考えられます。つまり，筆者が言うように言葉について見直すきっかけになるということです。

さらに，身近な「言葉」について捉え直す体験は衝撃的です。言葉だけにとどまらず，普段，何気なく過ぎさっていく「当たり前」に問いをもち，原因や真理を探究する面白さを教えてくれる文章でもあります。

● この教材の表現面での面白さとは

この文章は極めて抽象的な意見を述べています。その主張をわかりやすく説明するために，様々な工夫を凝らす筆者の姿が文章から想像できます。

そして，その工夫は，題名や本文，資料に対して「これは適切か？」「本当に？」と，あえてツッコミを入れながら読むことで見えてきます。

〈図表は効果的か？〉

言葉の意味の「広がり」「範囲」「面」などを具体的にイメージする手助けになります。しかし，文章では，一度しか図表に触れていないので，読み手は自分自身で図表と文章を結びつけて読み進める必要があります。

〈事例は適切か？〉

どれも身近でわかりやすい事例です。子どもたちも，見たことのある容器の形や経験したことのある言い間違いなどを思い浮かべながら読み進めることでしょう。小学校5年生のために選びぬかれた事例なのかもしれません。

〈序論は効果的か？　主張がわかりづらくない？〉

　序論では，問いかけを入れながら読者に問題意識をもたせる工夫がされています。主張は抽象的ですが，読者を「どういうことだろう？」という気持ちにさせ，その先の論に引き込んでいます。

〈「ものの見方を見直す」は飛躍しすぎ？〉

　筆者は序論と結論で，「言葉の意味を面として考えることは，言葉やものの見方を見直すきっかけにもなる」ということを主張しています。本論では言葉に焦点をあてているはずなのに，「わたしたちが自然だと思っているものの見方」にまで論を広げていることを「飛躍しすぎ」と感じる人もいるでしょう。しかし，筆者は⑫段落で問いかけを入れながら，読者に文章を読んだ時の思考を振り返らせています。これまでの論が伏線的に使われ，言葉の意味を「面」として考えることは，ものの見方までも見直すきっかけになることを読者に実感させ，巧みに論を導いています。

　また，そうまでして，「ものの見方」にまで論を展開したのには，筆者なりの思いがあるのでしょう。わたしは，ここから，今回の「言葉」のように，何気なく過ぎ去っている事柄にも問いをもち，真理を探究してみませんか？という誘いや，学びに関して無自覚な我々への忠告の意味を感じました。

〈締めくくりの3文は，本当にこれでいい？〉

　先ほど述べたように，筆者は⑫段落で，「ものの見方を見直す」というところまで論を広げています。しかし，締めくくりの3文はこうです。

　「みなさんは，これからも，さまざまな場面で言葉を学んでいきます。また，英語やその他の外国語も学んでいくでしょう。そんなとき，『言葉の意味は面である』ということについて，考えてみてほしいのです。」

　せっかく「ものの見方を見直す」という論の広がりがあったにもかかわらず，この3文で再び「言葉を学んでいくとき」という限定された場面に引き戻されます。この3文に込こめられた筆者の意図を考えるのも面白いですね。

● **この教材で育むことのできる言葉の力とは**

　本教材は，非常に抽象的な筆者の意見を受け取ります。そのため，以下の3つの読み方（言葉の力）を指導しがいのある教材だと感じました。

• 文章と図表を繋げながら読む。

• 事例と考えの繋がりを捉えながら読む。

• 自分の体験と文章の内容を重ねながら読む。

• 要旨を捉えながら読む。

教材研究から立てた単元構想

● **単元計画（全7時間）**

次	時	目　標	学習活動
一	1	○教材と出合い，文章に対する感想をもつことができる。	• 題名から内容を想像する。 • 初読の感想を交流し，文章に対する問いを出す。
	2	○文章と図表を結びつけながら，筆者の考えや意見を理解することができる。	• 図表を用いて「言葉の意味を『点』や『面』として考えること」について説明する。
二	3	○事例と筆者の考えの結びつきを整理しながら読むことができる。 ○自分の体験と文章の内容を重ねながら読むことができる。	• 言葉を学ぶ時に「面」を意識することは，本当に必要かを考える。
	4	○文章全体の構成を捉えて要旨をまとめることができる。	• 要旨をまとめ，妥当性を検討する。
	5	○論の展開から筆者の意図を想像することができる。	• 「ものの見方」にまで論を展開している筆者の意図を想像する。
	6	○文章の書き方に対する自分の意見をもつことができる。	• 最後の3文について検討する。
三	7	○文章の内容に対する自分の意見をもつことができる。	• 筆者の意見に対しての自分の考えをカードに書いて交流する。

● 第二次 5 時の授業展開例

前時でまとめた要旨を確認した後，子どもたちに問いかけます。

T 「ものの見方を見直す」ってどういうことなんだろう？

C ⑫段落に書いてある通り，自然だと思っているものを当たり前じゃないって気づくことかな。

C 例えば，今回の文章で言葉を使うって当たり前じゃないって気づいたでしょ？　「身の回りにそういうことがたくさんある」ってことだと思う。

T 身の回りで当たり前になっていることってありますか？

C 「学校に来ること」とか？　それを「本当に当たり前か？」って考えると面白いかも。他にもありそう！

　要旨を作業的にまとめることができても，内容をきちんと理解しているかは別です。本論で述べられていない「ものの見方」については，身の回りの「当たり前」を事例に挙げながら全員で確認します。

T では，「言葉を見直すこと」か「ものの見方を見直すこと」か，今井さんはどちらの方が，より，伝えたかったと思いますか？

C 「ものの見方」は本論で出てないから「言葉を見直す」かな？

C 本論で出ていないからこそ「ものの見方」じゃない！？
「言葉を見直す」で終わるところを，「あえて」書いてるんだから。

C 「言葉」っていうのは「ものの見方」の1つの事例にすぎないと思う。

C いや，でも「ものの見方」はおまけで，「言葉」がメインじゃない？

　この問いの答えは，それぞれの解釈で変わるので収束させるのに苦労するかもしれません。しかし，文章を書いた筆者の存在を強烈に感じさせる問いです。論の展開から筆者の意図を想像する視点を価値づけてまとめます。

127

研究授業協議会

ツッコミ1 主張が飛躍していると気づきを促すことに価値あり！ ------

「言葉の意味を『面』として考える」ことは，「ものの見方を見直す」こと
に繋がるという筆者の主張に対して，どのように繋がっているか考えさせる
流れが素晴らしいと思います。そこから一気に「当たり前のものの見方」を
考えるよりも，主張と事例がどのように繋がっているかを自分の言葉で例を
挙げて説明することの方が言葉の力が育ちそうです。(ヒグチ)

ツッコミ2 筆者の意図は伝わってこそ ------

確かに⑫段落で，筆者は「ものの見方」に一旦対象を広げた後，言葉の見
方に狭めてまとめています。しかし，子どもの発言例を読む限り，筆者の意
図を考えても表層的なやりとりで終わってしまいそうです。ここはあくまで
言葉の意味を面として考える延長上に，可能性として見方の見直しがあると
捉えた方が子どもも理解しやすいのではないかと考えます。(シシド)

ツッコミ3 本時のゴールはどこ？ ------

「言葉」か「ものの見方」か，どちらを見直すことをより伝えたかったか
を検討するのは面白い視点だなと感じました。しかし，この議論（本時の授
業）のゴールを教師としてどのように想定されているのでしょうか。また，
既習や叙述など何を足場としてそのゴールに向かうのでしょうか。そこがな
いとなんでもありの感想交流で終わってしまう気がします。(ニシオ)

改善策・今後の展望

ご意見をいただいて，わたしが「内容を確認すること」よりも「自分な
りに解釈すること」に重心を置きすぎていると気がつきました。もちろん，
最終的には，自分なりの「解釈」を語ることを大切にしたいという考えは
変わりません。しかし，その土台となる内容確認を丁寧に行う必要性を感

回答 1　子どもたちとバランスを取りながら

　確かにその活動であれば，文章に立ち返って読む力がつきそうですね。身の回りの当たり前について話をしていくと，どんどんと文章から離れていってしまう気がしてきました。ただ，単元の終盤では，本文から離れ，自分の経験と重ね合わせて解釈を深めることも大切にしたいところ。子どもたちとバランスを取りながら，学習を進めていきたいと思います。

回答 2　ものの見方の見直しを「可能性」として捉えるのは物たりないのでは？

　確かに「どちらの方が，より伝えたかったと思うか」という筆者の意図を考えても，決め手に欠けるので，この授業のオチに納得いかない子は出てきそうです。しかし，ものの見方の見直しを「可能性」として捉える読みは物たりなくないですか。高学年の子どもたちには，ぜひ，この文章を通して「真理を探究する面白さ」について筆者と対話してほしいです。

回答 3　議論の中心は「筆者の論の展開」

　感想交流は大切だと思いますが，なんでもありはよくないですね。本時のゴールは「論の展開から，筆者の意図を想像することができる」です。そのために，単元内では「事例の挙げ方」や「文章構成」などの論の展開を確認しています。また，中学年で既習の「初め・中・終わりの役割」なども議論の足場となるのではないかと考えたのですが，どうでしょうか。

じました。そうでないと，ただの空想や独りよがりの読みになってしまいますね。まずは，単元序盤で主張と事例を行ったり来たりしながら内容を確認し，土台を築きます。そして，終盤では，文章を通して筆者と対話し，自分なりの解釈や考えをつくりあげていく流れを意識したいと思いました。

帰り道

📖 光村図書・6年上

授業者	山埜 善昭
研究授業協議	宍戸 寛昌・河合 啓志・岡田 憲典

教材の概要

📖 R6光村図書・6年上「視点や作品の構成に着目して読み，印象に残ったことを伝え合おう」(全5時間・4月)

『帰り道』は，令和2年度より光村図書出版の教科書『国語6創造』に掲載されている書き下ろしの作品です。

作者である森絵都さんの短編集『あしたことば』には，『帰り道』と短編集のために書き下ろされた7作品が収録されています。

教材の系統性マップ

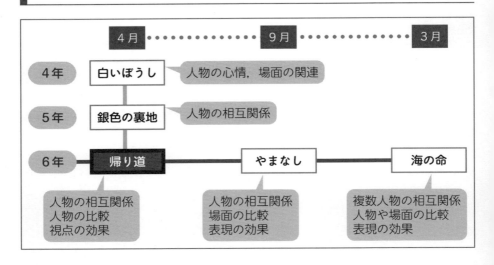

場面構成図

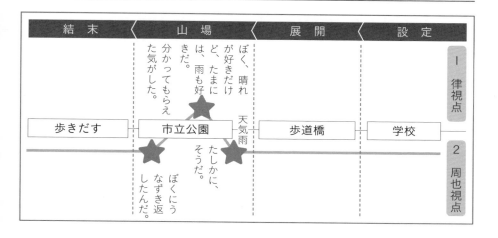

教材を支える側面情報

　小学校での物語教材は主に三人称視点の作品が取り扱われており、一人称視点の作品は限られています。令和２年度版の光村図書出版では、「ずうっと、ずっと、大すきだよ」（１年）、「たずねびと」（５年）、「カレーライス」（５年）、「帰り道」（６年）が一人称視点の作品として扱われていました。一人称視点では、人物と同化しながら読み進められるよさがある一方、場面の様子や出来事を把握しながら全体像を捉えることが難しくなります。よって小学校段階では、全体が把握しやすい三人称視点の作品が多く扱われていると考えられます。また、視点の転換と言えば、「ごんぎつね」を代表とした三人称視点の作品です。視点人物がごんから兵十に転換されることにより、すれ違いが明らかになります。

　このような歴史から見て、一人称視点と視点の転換を含む『帰り道』は、小学校での物語教材に新しい風を吹かせたと言えるのではないでしょうか。

わたしの教材研究の視点

● この教材の内容面での面白さとは

　この物語の面白さは，視点によって主題の受け取り方が変わっていく点です。律は自分の気持ちを伝えることに悩む人物です。しかし山場では，自分の「好き」をはじめて言葉にできました。律から「好きなことを好きと言える大切さ」「ありのままの自分でいい」といったメッセージを受け取ることができます。一方周也は，「会話のやりとり」に悩む人物でした。しかし，山場の出来事を通して，律の言葉を受け止めることができました。周也から「会話とは，相手を受け止めること」「受け止めるとは，共感すること」といったメッセージを受け取ることができます。そして，2人を関連づけることで新たな主題もみえてきます。2人の変容のきっかけは「天気雨」でした。なぜ「天気雨」で変わることができたのでしょうか。まずは，天気雨が「突発的な出来事」だったからと言えます。急な雨が「悩みの連鎖」を止め，笑いと共に洗い流しました。2人のように悩みを予想外の出来事で解決してしまうことが人生にはあります。「人生なんとかなるさ」「悩みもいつか晴れる」というメッセージも感じられるでしょう。また，「天気」と「雨」が混ざっていることも重要です。律の「どっちも好きだ」を引き出すには，天気雨でなくてはなりません。そして，天気雨は感じ方に違いを起こします。律が感じたのは「シャワーの水」の清々しさであり，周也が感じたのは「球の逆襲」の激しさでした。同じ出来事の中に違いが共存する空間が表現されています。ここから「多様性の尊重」「様々な人がありのままにいる空間の価値」というメッセージも受け取ることができるでしょう。このように主題は「どの視点で見るか」によって変わります。その視点の違いは，人物や人物関係，物語の構造など，どこに読者が興味・関心を惹きつけられたかに関わります。授業では，視点の違いがあることを明らかにするだけでなく，視点の違いによって受け取るメッセージが変わる面白さを実感させることに価値があると考えます。

● **この教材の表現面での面白さとは**

　表現面での面白さは，一人称視点で描きながらも，視点の転換によって三人称全知視点になるところです。同じ出来事を１章は律視点，２章は周也視点で描いています。これにより読者は，２章を読む際に律の心を捉えながら周也の心を読むことができます。つまり，読者が語り手のような役割を補うことで三人称全知視点を完成させていると言えます。しかし，「全知」と言うものの読者に委ねられている部分があります。それは，「行こっか。」「うん。」の会話文です。この文は，どちらが言ったのか直接書かれていません。読者が自由に想像できる面白さがあります。また，情景描写も人物の心と響き合うように表現されています。律視点の導入部では，「五月の空はまだ明るく，グラウンドに舞う砂ぼこりを，西日がこがね色に照らしていた。」の表現から周也と帰る道が灼熱の砂漠を歩くかのように長く憂鬱な時間であると想像させます。そんな西日が，山場では，「アスファルトの水たまりに，西日の反射がきらきら光る。そのまぶしさに背中をおされるように，今だ，と思った。」の表現から，天気雨がもたらした潤いから自分らしさを輝かせる律の心情を想像させます。周也視点の展開部では，「道の両側から木々のこずえがたれこめた通り道。人声も，車の音も，工事の騒音も聞こえない緑のトンネル。」の表現から外部を閉ざし，重くのしかかる沈黙への憂鬱さを想像させます。そんなトンネルを結末部では「しめった土のにおいがただようトンネルを，律と並んで再び歩きだしながら……」の表現から，天気雨がもたらした土の潤いが周也の受け止める心のやわらかさを想像させます。

● **この教材で育むことのできる言葉の力とは**

　この教材で子どもに身につけてほしいのは，「言葉と言葉を関連づける力」をより深化させることです。５年生までに言葉と言葉を繋げて読む力は徐々につけていることと思います。さらにその力を深化させることができる教材です。

　最後の場面にある「行こっか。」「うん。」の解釈は，２人の変容が捉えら

133

れてこそ明らかになってくることでしょう。2人の変容は，地の文（心内語）や会話文のみならず，「西日」や「トンネル」のような情景描写との関連づけにも挑戦させたいところです。

　また，本作品では，2つの視点を関連づける力を育てることができます。三人称視点の語り手のように，出来事の中で2人の心情を整理していくと，2人の悩みの共通点や相違点，「天気雨」であることの価値など，様々な言葉の繋がりが見えてきます。視点の違いから言葉と言葉を関連づけることで新たな読みの発見を楽しむ子どもたちを育てたいと考えています。

教材研究から立てた単元構想

● 単元計画（全6時間）

次	時	目　標	学習活動
一	1	○物語と出合い，単元の学習の見通しをもつことができる。	• 「物語で変わったものは何か」という読みの視点をもつ。
二	2	○律と周也の人物像を捉えることができる。	• 自分のことや相手のことをどう思っているかを整理し，2人の悩みの共通点と相違点を明らかにする。
	3	○初めと終わりを関連づけて，律と周也の変容を捉えることができる。	• 終わりの2人の心を想像し，何が変わったのかを明らかにする。 • 「行こっか。」「うん。」はどちらが言ったのか納得解を見出す。
	4	○律と周也の変容と情景とを関係づけることができる。	• 2人の心の動きと響き合う情景を見つけ，表現の効果を考える。
	5	○天気雨であることの価値について，周也と律の変容と関係づけることができる。	• なぜ，天気雨をきっかけに2人の心が変わったのかについて考える。
三	6	○物語の変容を捉え，主題をまとめることができる。 ○主題を共有し，自分の考えを広げることができる。	○主題をまとめ，共有する。 ○みんなの主題がどの視点に着目しているか考える。

● **第二次5時の授業展開例**

T　律と周也が変わるきっかけの出来事は？

C　天気雨が降ったこと。

T　天気雨で律と周也に何が起きていたのかな？　2人が見ていたものや思ったことがわかる言葉を見つけ，2人の気持ちを詳しく読もう。

C　律は天気雨が「プールの後に浴びるシャワー」に見えている。前じゃなく後ってことは何か気持ちいいものって感じたんじゃなかな。

C　周也は天気雨が「ぼくがむだに放ってきた球の逆襲」に見えている。周也にとっては，気持ちいいものでなくて攻撃されている感じかな。

C　雨の時，お互いに慌てっぷりや濡れた頭を見て笑っているよ。

C　周也は，律が一緒に笑ってくれたのがうれしくて，笑っているね。

　子どもから出てきた見たもの・思ったことについて共通点や相違点が見えるように分類して板書します。そして次のように問います。

T　みんなのケンカも天気雨が降れば解決する？　「あの2人」だからこそ，天気雨をきっかけに解決できたよね。なぜ，律と周也は解決できたの？

C　いきなり降った雨でびしょ濡れになって2人ともおかしな姿で笑い合ってる。お互いに差を感じていたけれど，同じ目線になれたのかな。

C　2人の悩みにちがいがあったから，天気雨がよかったんじゃないかな。2人の悩みを解決するには，天気雨がピッタリだったんだと思う。

C　律が「どっちも好き。」な人物だったからじゃないかな。晴れと雨が混じっている天気雨だから気持ちが伝えられたんだと思うよ。

C　たしかに。周也の「こんな雨なら大かんげい。」はこの天気雨じゃないといけなかった。ふつうの雨だと，大かんげいにはなっていないと思う。

T　周也の言葉に「こんな雨なら大かんげい。」とあるね。

　あなたは，この天気雨をどんな雨と名づけますか？

　「笑い合いの雨」「どっちも好きが言える雨」「律と周也の雨」など，今日の学びを基に天気雨を名づけ，その理由を書きます。この活動を通して，物語での天気雨の価値について自分の考えをまとめます。

研究授業協議会

ツッコミ1 「悲劇の火縄銃」「二人を分かつ火縄銃」と名づける意味がないように

　天気雨に命名するのは面白いですね。わたしなら「リセット雨」と名づけます。名づけますが，天気雨は単なる現象，きっかけとして軽く扱いたいです。一人称×２の面白さは，それぞれの捉え方がそれぞれの世界の中では妥当で，相手の気持ちは最後までわからないこと。ならば天気雨の前後で立ち位置や互いへの見方が変容する面白さにもっと時間をかけたいです。(シシド)

ツッコミ2 問いたいのは「なぜ作者は物語の解決に天気雨を選んだか」なのか？

　天気雨に名前をつけるのは面白いですね。ただ，物語の構成として天気雨の役割・価値は何かという問いと，２人の天気雨をどのように捉えたかのという問いの２つの視点が混在すると思います。大切なことは，物語の最後の一文「言葉をちゃんと受け止められたのかもしれない」の周也の心情と天気雨の繋がりを明らかにすることではないでしょうか。(カワイ)

ツッコミ3 誰がどの立場で読んでいるのかのみとりにいい方法はありますか？　- -

　「行こっか。」「うん。」の話者は誰かの納得解を決める課題は，読みのズレを引きだすという意味で面白そうです。一方，３時間目で扱うことで，情景描写や天気雨に対する読みの交流場面では，誰がどの立場で読んでいるかのみとりが難しくなりませんか。何か工夫できることがあれば教えてください。(オカダ)

改善策・今後の展望

　　周也と律の「何が変わったのか」についてもう少し丁寧に扱うのもいいかなと思いました。３時間目は律の変容，４時間目は周也の変容とすることで，「互いの見方の変容」や「周也の最後の一文」に時間をかけることも可能です。また，読みのズレについても視点が定まるので考えやすくな

回答1 なぜ変わったのか？は問いたい！

　「互いの見方が変容する」という解釈が自分にはなかったので，考えてみたくなりました。しかし，天気雨は扱いたいです。「何が変わった？」だけでなく「なぜ変わったのか？」まで扱いたい。そのうえで天気雨を扱うことは極めて重要だと思っています。

回答2 律と周也の捉えを基に，読者として天気雨の価値を考えたい！

　確かに，2つの視点が混在することが予想されますので，そこは，整理したいところです。主発問では，律と周也に視点を据えて天気雨の捉えを考えます。ここでは，周也のみならず，律の心情も合わせて深めたいところです。天気雨を名づける終盤は，物語を俯瞰して天気雨の価値を考えます。ここでは，作者でなく読者としての納得解を大切にしたいと考えています。

回答3 確かに，読みのズレが……

　確かに，読みのズレが起こってしまいますね。例えば，「ぼくは○○の立場なんだけど……」と立場を明確にしたうえでの発言をするように伝えておけば混乱も少なくなるかもしれません。ややこしい場合は「今日は○○の立場として考えよう」とこちらが整えてもいいかもしれませんね。

るかと思います。主発問については，悩んでいます。「なぜ作者は天気雨にしたのか？」という発問は，視点は定まりますが作者の生き方，考え方や他の作品との関連の中で問いたい発問と考えています。教材研究をして再度挑戦させてください。新たな学びをいただきありがとうございました。

あの坂をのぼれば

■■ 教育出版・6年上

授業者　佐藤　司
研究授業協議　宍戸　寛昌・山埜　善昭・星野　克行

教材の概要

■■ R6教育出版・6年上「情景描写に着目して感想を伝え合おう」
（全2時間・4月）

　作者は杉みき子さんで，新潟県出身の児童文学作家です。この作品は過去に，H14年度版東京書籍（小学校6年）やS62年度版光村図書（中学校1年）の教科書にも掲載されていました。現在は教育出版の小学校6年生に掲載されているのみです。

教材の系統性マップ

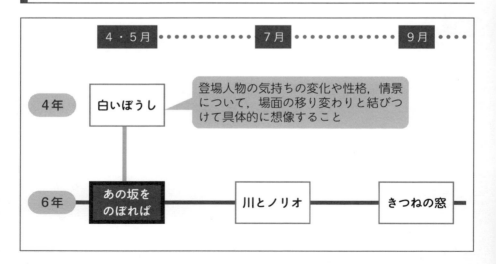

138

場面構成図

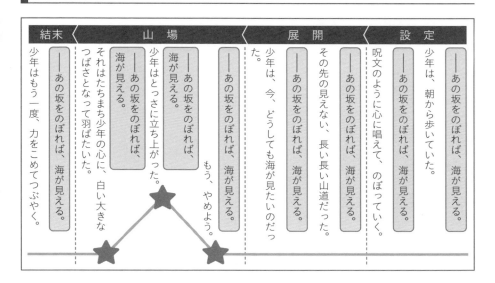

教材を支える側面情報

　杉みき子さんの子どもの頃の生活経験，読書経験などが，作品の内容や表現に色濃く出ているそうです。自身が小学校の時に教科書で読んだ「長い道」という詩，島崎藤村の「太陽の出る前」という児童文学が思い出の作品だと述べています。これらの作品を読めば，「あの坂をのぼれば」に通ずることが見て取れます。
　作者の背景にあるものを知った時，教材分析はより深みを増していきます。

わたしの教材研究の視点

● この教材の内容面での面白さとは

　この物語の特徴を一言で表すとすれば，「象徴的に描かれている」ということです。言葉レベルでは，「坂」「海」「海鳥」「一ぺんの羽根」などが，それぞれ，「困難」「目標」「希望」「励まし」などといったことを象徴しています。もっと言うと，物語全体が，１人の人間が困難を乗り越えて目標に邁進する姿を象徴するものと捉えることができるでしょう。

　この象徴的で抽象的な文章に，物語の面白さがあります。少年の人物設定も詳しくなされていません。「そもそも少年は何を目指しているのか？」など，読者に想像を委ねられる部分が多くなっています。

　故に，「一ぺんの羽根は，困難を乗り越えていく時に背中を押してくれる家族を表している。わたしも前に……」などと，子どもたちが自分の体験と重ね合わせながら読み進められるという点に特徴があるのです。

　また，「――あの坂をのぼれば，海が見える」というこの物語の象徴的な言葉は，祖母から少年に子守唄のように聞かされた言葉，という設定になっています。おばあちゃんと聞いて小学校教員のみなさんが思い出すのは，「わらぐつの中の神様」ではないでしょうか。杉みき子さんにとっておばあちゃんというのは，自分に何か，人生の生き方みたいなものをそれとなく教えてくれる存在であると，ある講演でおっしゃっていました。「わらぐつの中の神様」やこの物語の内容を読めば，納得ですよね。

● この教材の表現面での面白さとは

　表現に着目したい点は，３つあります。

　１つ目は，物語の題名にも繋がっている，「――あの坂をのぼれば，海が見える」という繰り返しです。この言葉が少年にとってどのような意味をもっているのか，繰り返されながらも変容していきます。この表現の特徴から，登場人物の変容を読んでいくという学習が考えられます。

140

2つ目は,「のぼる」という表現です。のぼったり下りたりして山を越えているにもかかわらず, 焦点があてられているのは「のぼる」なのです。目標に向かって, より高みを目指して成長してく少年を象徴する言葉が「のぼる」であると解釈することもできます。

　3つ目はリズムです。少年の心内語や行動描写, 情景描写が小気味よいテンポで, 展開されていきます。杉みき子さんは, リズムを大事にして児童文学をつくっているそうです。「口に出して読んだ時に口に快く, そして聞く時に耳に快く聞けるかどうか。」と語っています。

● この教材で育むことのできる言葉の力とは

　教科書に示されているように, 豊かな情景描写を学ぶのに適した教材です。ここでは, 象徴を学ぶことのできる教材という提案をしたいと思います。子どもたちがそれぞれの類似体験を想起しながら, 物語に出てくるモノやコトが何を象徴しているのかを繋げて解釈をつくる力を育んでいきたい作品です。自分のことと結びつけることで, 作品を自分事として捉えることができるとともに, 文章の解釈がより深まったり明確になったりすることにも繋がります。

　また, 6年生のスタート直後の教材です。これから1年間, 苦楽を共にする仲間と, 自分の経験をこの時期に語り合うのは, 相互理解という点でも意義深いものがあると考えます。経験と重ねながら考え, 伝え合うことで, 象徴のレトリックを理解するだけでなく, 子どもたちがお互いを知って仲を深めていったりすることも, 裏のめあてとしてもっておきたいものです。

教材研究から立てた単元構想

● 単元計画（全 3 時間）

次	時	目　標	学習活動
一	1	○物語と出合い，少年の心情の変容を大まかに捉えることができる。	・繰り返しに着目しながら，物語全体の構成を確かめる。 ・少年の心情がどのように変容していったのかをまとめる。
	2	○物語が象徴していることについて，自分の経験と重ねながら表現することができる。	・象徴の意味を理解する。 ・「坂」「海」「一ぺんの羽根」が何を象徴しているのか表す（自分の経験と重ねながら語る）。
	3	○印象に残った情景描写について，自分の感想を書くことができる。	・情景描写を見つけ，印象に残った情景描写について自分の感想を書く。 ・自分の感想との違いに着目したり，よいところを認め合ったりしながら，友達と感想を伝え合う。

● 第一次 2 時の授業展開例

　象徴とは，「抽象的な意味・内容を，具体的・感覚的に想起・連想する言葉で表すこと」と確認します。これだけではわかりにくいので，例えを使って説明をしていきます。ハトで「平和」を表し，白で「純白」を表すのように，子どもたちにわかりやすいもので示していきます。

　この時間では，「坂」「海」「一ぺんの羽根」に焦点をあてて，それぞれの言葉について次の視点で考えを形成していきます。
①その言葉に関わる本文の叙述や既有知識は何か？
②その言葉は何を象徴しているのか？
③自分の経験と重ねることができるか？

T　みなさんは前回の授業で，少年にとっての「――あの坂をのぼれば，海が

みえる」という言葉の意味が変容していっていることに気づきました。では，物語のキーワード，「坂」や「海」，そして少年が大きく変容したきっかけとなった「一ぺんの羽根」が何を象徴しているのかについて考えていきましょう。これらの言葉には，どんなイメージがありますか？

C 「坂」は，のぼっていかないといけない辛いもの。

C 「海」は，綺麗で，開放感にあふれるものかな。

C 「一ぺんの羽根」ってなんだろう。羽は飛ぶイメージ。願いが叶うみたいな。

T なるほど，それぞれの言葉のもつイメージがありますね。それでは，これらの言葉は何を象徴しているのでしょうか？

C 「海」は目標で，「坂」はその目標を達成するのに乗り越えないといけないものだと思います。

C 「坂」って辛くて，のぼっていかないといけないものだから，待ち受ける困難なものって感じがする。

C 「海」は綺麗だし，生態系も豊か。希望を象徴しているのかも。

C 「一ぺんの羽根」は「——あの鳥の，おくり物だ。」って書いてあるから，人の応援とか，背中を押してくれるものを象徴しているんじゃないかな。

C 確かに，「それはたちまち少年の心に，白い大きなつばさとなって羽ばたいた」とも繋がっているね。

T みなさん，叙述と繋げて考えられていますね。では，「ただ一ぺんの羽根」とあるけど，「一ぺん」というのは何を象徴しているのでしょうか？

　「『海』という目標に向かって，『坂』という困難を乗り越え，辛くなったときには『一ぺんの羽根』が救ってくれた」という一連の流れも見えてきます。ここから，自分の経験と重ねながら，解釈をつくっていきます。そうすることで，この象徴の意味がより自分事，具体となって捉えられていきます。

　それとともに，「わたしたちのクラスが目指す海は何なのか？」「クラスで大切にしたい一ぺんの羽根の存在」のように，クラスづくりにも繋げていく言葉を子どもたちに語りかけて１時間を締めくくりたいところです。

研究授業協議会

ツッコミ 1 空中戦かな？ -

　象徴を学ぶのに適した教材であることはよくわかりました。そこから考えるに，飛び立った海鳥が着地するがごとく，①叙述を基に象徴のイメージを広げる活動と，②広がった象徴を基に叙述のよさを味わう活動が，対になることで読みが深まっていくはずです。ところが，本時の子どもの様子を見るに①に偏っているように思います。いかがでしょう。(シシド)

ツッコミ 2 「一ぺんの羽根」が象徴するものとは？ - - - - - - - - - - - -

　「坂」「海」「一ぺんの羽根」のイメージを膨らますことには賛成です。ただ，言葉そのもののイメージではなく，少年にとってどんなものだったかを膨らませた方がよいのではないでしょうか。少年は「一ぺんの羽根」をどう見たのか。そして何を得たのか。希望か？自信か？覚悟か？勇気か？少年の目を通して豊かに膨らませたうえで象徴を捉えてみるのはいかがですか。(ヤマノ)

ツッコミ 3 この物語の象徴を考えるのであれば，「海鳥」も必要！ - - - - -

　「海鳥」についても考えることで，「一ぺんの羽根」の象徴がより鮮明になると考えます。海の沿岸部に棲息する鳥は「水鳥」と呼ぶそうです。「水鳥」と「海鳥」はどのように違うのか，少年から鳥はどんな様子に見えたのか。少年が「海鳥」を見てためらったのはどうしてか。「一ぺんの羽根」とともに「海鳥」の象徴を考えることで物語が深く読めますよ。(ホシノ)

改善策・今後の展望

　貴重なご意見ありがとうございました。単元計画の中に，「叙述のよさを味わう」という視点が抜けていました。「象徴」という表現技法を学ぶことに焦点を絞ってしまっていました。この作品の美しい描写を味わうことと，「象徴」の技法を切り離してしまうと，単なるテクニック的な学び

回答1 6年生で初めて出合う物語文

　叙述のよさを味わう活動も国語科として重要な学習です。しかし，本時では本文中でも述べた通り，この作品を学習する時期を鑑みても，相互理解を重要視すべきと考えます。また，類似体験を語り合う中で，空中戦にはならないはずです。「象徴」を語るだけでは空中戦になりますが，一読者として自身の経験を語るので，地に足のついた話し合いになるはずです。

回答2 言葉そのものからのイメージも重要

　確かに，少年にとって「一ぺんの羽根」はどのように見えたかという観点は外せないですね。しかし，言葉のイメージも極めて重要であると考えます。象徴とは，「抽象的な概念を具体的な事物で表すこと」です。「花びら」ではなく「羽根」，「山」ではなく「海」なのです。具体的な事物のもつイメージと，象徴される概念の繋がりが見えてこそ，象徴の学習が成立します。

回答3 水鳥との比較は無理があるのでは？

　海鳥について考えることは必要です。「一ぺんの羽根」は何を象徴しているのか，というところから，その主の海鳥に子どもたちの中で議論が展開すると面白いですね。ただ，そこから「水鳥との比較」にもち込むのは，無理があるのではないでしょうか。子どもたちの思考に沿っていればいいですが，議論が限定的になることが危惧されます。

に陥ってしまうところでした。「象徴の描写」が読後感にどのような影響を与えているのか，検討する必要がありますね。3時間という限られた時間の中で，この作品をどのような切り口で子どもたちと学んでいくのか，あらためて吟味してみたいと思います。

145

メディアと人間社会

光村図書・6年下

授業者	佐藤　司
研究授業協議	樋口　綾香・河合　啓志・宍戸　寛昌

教材の概要

R2光村図書・6年下「筆者の考えを読み取り，社会と生き方について話し合おう」（全6時間・1月）

「筆者の考えを読み取り，社会と生き方について話し合おう」の単元の中で扱われている説明文です。「メディアと人間社会」と「大切な人と深くつながるために」の2つの教材文が設定されています。2つの教材文を比較しながら「筆者の伝え方の工夫」「筆者の主張」を読み取り，「それらに対する自分の考え」について述べる学習が位置づけられています。ここでは，「メディアと人間社会」の教材を中心に述べていきます。

教材の系統性マップ

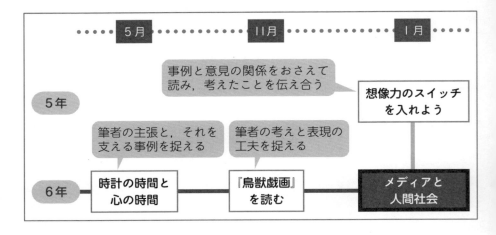

場面構成図

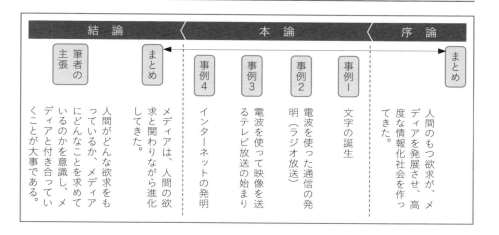

教材を支える側面情報

　この単元で設定されている両教材は、教科書のための書き下ろしです。それぞれの文章の特徴が際立ち、比較しやすいようになっています。「メディアと人間社会」は、メディアの事例がわかりやすく書かれており、論の展開も明瞭です。一方、「大切な人と深くつながるために」は、読者に問いかけながら、子どもにとって身近な具体例を挙げて、読者に寄り添いながら展開していく構造となっています。

　池上彰さんはジャーナリスト、鴻上尚史さんは作家という、それぞれの筆者の属性が色濃く出ている文章の形態であると言えます。

　池上さんは、フリージャーナリストとしてテレビや新聞、雑誌など各メディアで活躍されている方です。メディアへの出演も多く、子どもたちにとっても馴染みのある筆者なので、興味をもって読み進めることができるでしょう。

わたしの教材研究の視点

● この教材の内容面での面白さとは

　メディアが人間の欲求に応える形で発達してきたという話題，切り口が，この教材の面白さの１つです。子どもたちにとっては，メディアが人間の欲求を叶えていく形で発達してきたという事実は，驚きをもって受けとめられるのではないでしょうか。

　また，この説明文は，「どんなメディアが登場しても重要なのは，わたしたち人間がどんな欲求をもっているか，そして，その結果メディアにどんなことを求めているのかを意識し，メディアと付き合っていくことなのではないでしょうか。」と締め括られています。まさにこの現代社会において，目まぐるしく進化するチャットAIとわたしたちがどのように付き合っていくのかを問いかけられているようです。チャットAIの進化とわたしたちの生活について考えていくきっかけとして活用できるという点も，この教材の内容面の特徴の１つです。

● この教材の表現面での面白さとは

　メディアがどのような欲求とともに発展してきたのかを，時系列で整理しながらわかりやすく端的に説明が展開されていく構成が，表現面での面白さであると言えます。整理していくと，以下のような展開になっています。

　「【欲求】遠くの相手に思いを伝えたい」→「【発達】文字によって時間や空間をこえて情報を伝えることができるようになった」→「【課題】時間がかかる」→「【欲求】情報を早く伝えたい」→「【発達】電波を使った通信の発明により多くの人々に広く同時に情報を伝えられるようになった」→「【課題】ラジオはいちいち言葉や効果音で説明しなければならない」→「【欲求】情報をありありと伝えたい，理解したい」→「【発達】」映された場所や人物の様子が瞬時に理解され，遠く離れた世界の映像も同時に中継できるようになった」→「【課題】限られた人しか発信できない」→「【欲求】

148

（自分も）情報を広く発信したい」→「【発達】インターネットの発達により
ごくふつうの人々が手軽に情報を発信できるようになった」→「【課題】誤
った情報も簡単に広まり、わざとうその情報をまぎれこませることが容易に
なった」

　このように見てくると、人間の科学技術の高さに驚くとともに、人間の欲
求は底なしだなぁと、感心するほどです。この論の展開は、今後もきっと人
間の途絶えない欲求が、新たなメディアの発達と社会の課題を繰り返し生み
出していく未来の姿を、ありありと想像させられるものになっています。

● この教材で育むことのできる言葉の力とは

　今後の自分たちの生き方に直結する「未来志向」であることがこの教材の
特徴です。先程述べたように、自分たちがこれから発達していく AI などと
いったものとどのように付き合っていくのかについて、考えるきっかけとな
る教材です。「わたしたち人間がどのような欲求をもっているのか」「その結
果メディアにどんなことを求めているのか」「自分はメディアとどのように
付き合っていくのか」といった観点を明確にしながら、意見文を書く力を育
むことができます。

教材研究から立てた単元構想

● 単元計画（全6時間）

次	時	目　標	学習活動
一	1	○単元の学習の見通しをもつことができる。 ○「メディアと人間社会」と「大切な人と深くつながるために」の2つの説明文を読み、全体の構成を捉えることができる。	・意見文を書くという単元の見通しをもつ。 ・2つの説明文を音読する。 ・2つの説明文を、序論・本論・結論に分け、全体の構成を確かめる。

二	2・3	○2つの説明文の論の展開や構成，表現の特徴を比較し，それぞれ捉えることができる。	• 2つの説明文を比較しながら，論の展開や構成，表現の特徴を読み取る。
	4	○池上彰さんと鴻上尚史さん，2人の主張の共通点・相違点を見つけることができる。 ○2人の主張と，自分の意見の共通点・相違点を考えることができる。	• 2人の筆者の主張を読み取る。 • 2人の筆者の主張の共通点を見つける。 • 2人の筆者と自分の意見の共通点，相違点を考える。
三	5	○前時までの学習を生かし，「これからの社会でどう生きていくか」の意見文を書くことができる。	• 「プログラミングで未来を創る」を読み，自分の考えを形成する参考にする。 • 「これからの社会でどう生きていくか」というテーマの意見文を書く。
	6	○「これからの社会でどう生きていくか」について，自分の意見を広げることができる。	• 授業支援アプリ上で意見文を共有し，互いに読み合い，感想を送る。

● 第三次5時の授業展開例

　前時までに，2人の筆者の主張をどのように読み取ったのかを確認します。池上さんは「人はひとりでは生きていけないから，メディアと上手に付き合っていくことが大事」，鴻上さんは「人との直接のコミュニケーションが大事」と述べていることを読んでいます。2人とも「他者とつながることが大事だ」と言っていることは共通しているけれども，池上さんは「メディアと上手に付き合っていくことが必要である」，鴻上さんは「人とぶつかり，コミュニケーションの練習が必要である」と主張点を異にしている点についても，子どもたちは捉えています。

T 2人の筆者の主張をわたしたちはしっかりと読み，受け取めました。これを踏まえ，「これからの社会でどう生きていくか」についての意見文を書きます。「これからの社会」ってどう変わっていくと思いますか？

C AIがどんどん発達していくと思います。

C VRとか，バーチャルな空間と現実世界の境目がなくなっていく。

T これからもどんどん科学技術が進歩していきそうですね。そこには人間のどんな欲求があるのでしょう？

　これまでの学びと照らし合わせながら，子どもたちのイメージを膨らませ，意見文を書きやすくしていきます。

T では，「これからの社会でどう生きていくか」についての意見文を書いていきます。池上さんや鴻上さんの書きぶりを参考にしながら，意見文を書いていきましょう。

　次時に授業支援アプリ上で共有し，意見を伝え合う活動を設定する場合は，ワードソフトで入力していきます。

151

研究授業協議会

ツッコミ1 単元の導入で何をするか

　意見文を書くためには，自分の考えを明確にして構成を練る必要があります。これからの社会を具体化し，それに関する事実やデータを集め，異なる立場の考えや参考になる考えとして池上さんや鴻上さんの主張を入れたり，論の展開の仕方をヒントにしようと考えると，これからの社会に対する考えをもつのは，単元の導入時が最適なのではないでしょうか。（ヒグチ）

ツッコミ2 「どう」って広すぎるよね

　「どう生きるか」という言葉が曖昧なまま意見文を書けるのでしょうか。「どう生きる」とは，何を大切にしていくのか，具体的に自分にできることは何か，今の自分の状況はどうなのかなど，考える観点を整理する必要があります。意見をもつには，池上さんや鴻上さんの視点で，もう少し自分自身の状況を分析する必要があると思います。（カワイ）

ツッコミ3 取り上げたいのはこの時間でよいのか？

　教材のよさで語られているのが，池上彰さんの「メディアと人間社会」のみなのに対して，本時は２つの教材の読解を生かした意見文の作成を紹介していることによる物たりなさを感じます。特に事実を基に順序立てて説明する池上さんと，事例を挙げながら納得させる鴻上さんの書きぶりの違いは，子どもにも生かしてほしい点ではありませんか？（シシド）

改善策・今後の展望

　単元の導入で，様々な資料にアクセスし，自分の意見をもつというところまでは考えていませんでした。そうすることで，より２つの文章を読む必然性が生まれ，２人の筆者の主張，論展開がより意識されると思いました。また，２つの説明文を扱うよさを生かすために，それぞれの説明文の

回答 1 単元導入時の活動の重要性

　単元の導入時に，意見文のテーマについて，子どもたちが自身の考えをもっておくことは重要ですね。自分の考えをもったうえで，2人の筆者の考えを知りつつ，友達の考えにも触れることで，考えも広がったり深まったりします。単元の1時間目の見通しをもつ段階で，テーマについて自分の考えを形成する時間を設けたいと思いました。

回答 2 意見文を書く際の観点を明確にする

　「意見文を書く観点を明らかにすること」「今の自分の状況を分析すること」の2点は，意見文を書くうえで必要なことだと思いました。また，2人の筆者のどちらかの文を引用するという条件を設けることによって，「どう生きるか」という曖昧なテーマについて，焦点が絞られるのかなとも考えました。

回答 3 両者の書きぶりのよさを生かす

　おっしゃる通りです。両者の書きぶりの特徴の違いを述べたいところですが，紙面の都合上，このようにしています。授業の実際は，単元計画の2〜4時間目で丁寧に2者の違いについて押さえます。ただ，私は子どもたちを「よりよい表現者」へと育てていくのが，国語科の使命であると考えています。意見文を書く本時が単元の山場となると考え，本時を扱うことにしました。

書きぶりの違いを確認したうえで，「読者としての自分はどちらの文章に説得力を感じたか」を明確にする活動が必要だと思いました。自分が説得力を感じた要因を基に，意見文として表現することに繋げていくことができると考えました。ご意見ありがとうございました。

参考文献

■2年「ふきのとう」
【引用文献】
- 土居正博（2021）『クラス全員のやる気が高まる！音読指導法』明治図書，p.44

【参考文献】
- 工藤直子・石井聖岳（2012）『地球パラダイス』偕成社
- 工藤直子・長新太（1995）『ともだちは緑のにおい』理論社
- くどうなおこ（1996）『くどうなおこ詩集○（まる）』童話屋
- 長崎伸仁（2010）『新国語科の具体と展望「習得⇄活用型」授業の創造』メディア工房ステラ
- 工藤直子・佐野洋子（2013）『おいで，もんしろ蝶』筑摩書房

■2年「名前をみてちょうだい」
【引用文献】
- あまんきみこ・長崎伸仁・中洌正堯（2019）『あまんきみこと教科書作品を語らう』東洋館出版社，p.24，pp.78-83
- 山元隆春（1997）『あまんきみこ「おにたのぼうし」論』広島大学学校教育学部紀要，第１部，第19巻，p.31
- あまんきみこ研究会（2019）『あまんきみこハンドブック』三省堂，pp.160-161

【参考文献】
- 難波博孝（2010）『文学の授業づくりハンドブック―授業実践史をふまえて〈第１巻〉小学校・低学年編 / 特別支援編』溪水社
- 松崎正治（2010）『文学の授業づくりハンドブック〈第２巻〉授業実践史をふまえて 小学校・中学年編 / 詩編』溪水社
- 浜本純逸（2010）『文学の授業づくりハンドブック―授業実践史をふまえて〈第３巻〉小学校・高学年編 / 単元学習編』溪水社
- 長崎伸仁・石丸憲一・大石正廣（2012）『文学・説明文の授業展開　全単元　小学校低学年』学事出版
- 長崎伸仁・石丸憲一・大石正廣（2012）『文学・説明文の授業展開　全単元　小学校中学年』学事出版
- 長崎伸仁・石丸憲一・大石正廣（2012）『文学・説明文の授業展開　全単元　小学校高学年』学事出版

- 中洌正堯（2018）「文学の世界で遊ぶ」『国語教育探究』第31号，p.1
- 松本修（2018）「「白いぼうし」の語りと主題」『Groupe Bricolage 紀要』26，pp.21-26
- 宮川健郎　他（2019）「あまんきみこ研究の現状と課題」全国大学国語教育学会国語科教育研究：大会研究発表要旨集137（0），343-346
- 松本修・佐藤多佳子・上月康弘（2023）『小学校国語科　物語の教材研究大全１・２年』，明治図書
- 松本修・山口政之・西田太郎（2023）『小学校国語科　物語の教材研究大全３・４年』，明治図書
- 松本修・小林一貴・鈴木真樹（2023）『小学校国語科　物語の教材研究大全５・６年』明治図書

■５年「大造じいさんとガン①」

【参考】
- 笠原冬星・田島章史・比江嶋哲・岡田憲典（2022）「読皆塾2022年２月定例会」

■５年「大造じいさんとがん②」

【参考文献】
- TOSS 横浜 HP 2016年４月２日

  https://web.archive.org/web/20160402074525/http://www.geocities.jp/bzbzbzkoji/ 5 nen/daizoziisantogan.html
- 『実践国語研究　別冊』「椋鳩十『大造じいさんとガン』の教材研究と全授業記録」明治図書

【執筆者紹介】

岡田	憲典	大阪府堺市立八上小学校
河合	啓志	大阪府池田市立石橋小学校
笠原	冬星	大阪府寝屋川市立三井小学校
古沢	由紀	大阪府大阪市立柏里小学校
佐藤	司	大阪府立豊中市立少路小学校
笹	祐樹	大阪府大阪市立扇町小学校
三笠	啓司	大阪教育大学附属池田小学校
山埜	善昭	吹田市立教育センター
宍戸	寛昌	立命館中学校・高等学校
小石川敦子		大阪府茨木市立福井小学校
星野	克行	大阪教育大学附属天王寺小学校
西尾	勇佑	大阪府守口市立金田小学校
竹澤	健人	アサンプション国際小学校
中嶋	千加	兵庫県芦屋市立岩園小学校
藤井	大助	香川県高松市立中央小学校
樋口	綾香	大阪府池田市立神田小学校
平井	和貴	大阪府堺市立浜寺小学校

【編著者紹介】
関西国語授業研究会
（かんさいこくごじゅぎょうけんきゅうかい）
関西圏を中心に国語の新たな実践的研究をしようと2017年に立ち上げた団体。
「教材の前では誰もが平等」「ビジョンは共有するが，手法は多様に」「とにかく子どもに言葉の力をつける」をモットーに学ぶ。

小学校国語　教材研究100本ノック

| 2024年10月初版第1刷刊 | Ⓒ編著者 | 関西国語授業研究会 |

発行者　藤　原　光　政
発行所　明治図書出版株式会社
　　　　http://www.meijitosho.co.jp
　　　（企画）佐藤智恵（校正）nojico
　　　〒114-0023　東京都北区滝野川7-46-1
　　　振替00160-5-151318　電話03(5907)6703
　　　　　　　　　ご注文窓口　電話03(5907)6668

＊検印省略　　　　組版所　長野印刷商工株式会社

本書の無断コピーは，著作権・出版権にふれます。ご注意ください。

Printed in Japan　　　　　ISBN978-4-18-246924-4
もれなくクーポンがもらえる！読者アンケートはこちらから →

5分の準備で、最高の45分を。

365日の全授業

購入者限定ダウンロード特典付！

板書&イラストでよくわかる 改訂
365日の全授業 小学校国語 4年上

河合啓志 編著
国語"夢"塾 協力

全単元・全時間
板書とイラストで、毎時間の授業がパッとつかめる！
授業の要所がわかる
本時メインの指示・発問を明示！

3大特典
1. 学校のイラスト素材1100点
2. 教科書完全の単元確認テスト
3. ○×の楽しい学習プリント
無料ダウンロード！

令和6年度版教科書対応

改訂 板書&イラストでよくわかる 国語

国語"夢"塾 協力
1〜6年【各上下巻】
定価 3,080〜3,300円（10％税込）
図書番号 4061-4066／4621-4626

板書&写真でよくわかる 社会

木村博一 他編著
3〜6年
定価 2,970円（10％税込）
図書番号 4263-4266

板書&イラストでよくわかる 算数

宮本博規 他編著
熊本市算数教育研究会 著
1〜6年【各上下巻】
定価 2,750〜2,860円（10％税込）
図書番号 4231-4236／4901-4906

学習カードでよくわかる 体育

関西体育授業研究会 著
1〜6年
定価 2,750円（10％税込）
図書番号 4751-4756

板書&イラストでよくわかる 外国語活動 外国語

菅 正隆 編著
3〜6年
定価 2,750円（10％税込）
図書番号 4393-4396

板書&イラストでよくわかる 道徳

田沼茂紀 編著
1・2年／3・4年／5・6年
定価 3,080円（10％税込）
図書番号 4241-4243

明治図書　携帯・スマートフォンからは **明治図書ONLINEへ** 書籍の検索、注文ができます。▶▶▶

http://www.meijitosho.co.jp ＊併記4桁の図書番号（英数字）でHP、携帯での検索・注文が簡単に行えます。

〒114-0023　東京都北区滝野川7-46-1　ご注文窓口　TEL 03-5907-6668　FAX 050-3156-2790

教室の罠をとりのぞけ！
どの子もつまずかせない
ユニバーサルデザイン

上條 大志 著

そろわなくても、ちゃんとしなくても、子どもは育つ
漢字の止め・はね・はらいができなければ×！かけ算九九は素早く唱えられれば計算できるようになる！…それは真実か？「ねばならない」と些末なことにとらわれてはいないか？子どもの学び方の個性を無視してはいないか？教師が子どもをつまずかせてはならない。

Ａ５判 ／ 144ページ／ 2,090円（10％税込）／図書番号 1399

子どものやる気に火をつけ、可能性を伸ばせ！
自ら学びを
コントロールする力を育む
自己調整学習

友田 真 著

子どもの「やる気」に伴走し、「学び」を支える指導
子ども自身が学びの舵取りを行い、その中で達成感や充実感を感じ、その後の学びへの「やる気」につながるように、教師は出すぎず、伴走していくのがよい。そのための「自己調整学習」を先行研究や理論を押さえたうえで取り組んだ具体的な実践を紹介した。

四六判 ／ 176ページ／ 1,980円（10％税込）／図書番号 4083

明治図書　携帯・スマートフォンからは **明治図書ONLINEへ**　書籍の検索、注文ができます。▶▶▶

http://www.meijitosho.co.jp

＊併記4桁の図書番号（英数字）で、HP、携帯での検索・注文が簡単に行えます。

〒114-0023　東京都北区滝野川7-46-1　　ご注文窓口　TEL 03-5907-6668　FAX 050-3156-2790